市民自治の知識と実践

山岡龍一・岡﨑晴輝

（改訂版）市民自治の知識と実践（'21）

装丁・ブックデザイン：畑中　猛

s-53

まえがき

本書は，放送大学教養学部の基盤科目「市民自治の知識と実践（'21）」の印刷教材として書かれたものです。2015年度から存在する「市民自治の知識と実践（'15）」の印刷教材の改訂版となります。したがって前著と同様に本書も，まずもっては社会科学の入門書として書かれており，読者である学生に社会科学の学びの意義を感じてもらい，その学びの方法を示し，その学びの実践を提案する，という目標をもって書かれています。

前著の「まえがき」に書いたことをここに引用します。「社会科学とはどのような営みなのか，社会科学をどのように学ぶことができるのか，社会科学を学ぶ意義はどこにあるのか，といった問いは，真剣に探求を始めたなら，容易に答えることができない難問です。しかし入門というのは，こうした難問を明晰な仕方で説明し，完全な解答を与えないまでも，その解答への道筋を示すことを目指すものだといえるでしょう。この科目，つまり本書は，そのような目標を達成するために，ある戦略をとっています。それは，一つの具体的なテーマを選択し，その探求によって，社会科学の入門を書くという戦略です。

本書が選んだテーマは「市民自治」です。この言葉の意味は，本書の本論において探求されるので，ここで説明する必要はないでしょう。ただ，社会科学の入門書として，このテーマを掲げる意図を，述べておきたいと思います。どんな学問であっても同じだと思われますが，特に社会科学において，そしてとりわけ民主社会で学ばれる社会科学において，理想とされる学習者は，「能動的な学習者」だといえるでしょう。能動的な学習者とは，学ぶことがらを自分自身の問題として理解し，学習の果実を自らの実践に生かそうとするような人々を意味します。最良の入門書とは，そのような能動性を読者に喚起するものだといえるでしょう。こうした理想を実現するために，「市民自治」というテーマを選択することが，妥当であると我々は確信しています。読者にはこの確信の是非を，本書を実際に読むことで確かめていただきたいと思います。

学習の際，予習と復習が重要なのはいうまでもないことですが，本書の場合は特に，復習に力を入れてください。本書を最初に読むとき，いきなりすべてを理解しようとはせず，だいたいでよいですから，各章の意味を全体的につかむように努力しながら進んでゆき，全章を読み終えたあと，再びテクストに向かうことで，不明なところを払拭していくようにするのがよいでしょう。そして，本書を読むことで，知識を得ることも重要ですが，何よりも自分自身の考えを展開することに努めてみてください」。

前回と比べて，主任講師は変わっていませんが，それ以外の講師は三人から一人になり，メンバーも変わりました。これによって，学問の領域，つまり視点が狭まってしまったという批判があるかもしれません。実際，全体として，市民自治という主題にフォーカスが強まり，社会科学の入門という性格が弱まったといえるかもしれません。このことで，市民自治という主題を，より体系的に扱えるようになったというメリットがあると自負しています。しかし，この著作が社会科学の入門であるという意識は，まったく変わっていません。市民自治はあくまでも主題であり，それを扱う方法と精神も，読者には学んでいただきたいと願っています。

本書に関して，述べておくべきことがもう一つあります。本書の原稿が書かれた時点では，新型コロナウィルス（Covid 19）のパンデミックによって，日本で緊急事態宣言がなされることなど予想できませんでした。したがって，本書の内容に，この未曾有の事態のことがらは，反映していません。しかしながら，この事態以降，いわゆるウィズコロナ（もしくはアフターコロナ）時代において，我々が直面するはずの問題を理解し，対処する努力をするうえで，本書の内容は必ず役に立つものであるはずです。市民自治の知識と実践は，このような事態においてこそ，その価値が問われるものだといえるでしょう。

本書を準備するなかで，様々な人々の助力を得ることができました。なかでも，ことば舎の杉山泰充さんは，編集者として我々の仕事を支えてくれました。ここに感謝の意を込めて，お礼を申し上げたいと思います。

2020年11月
共著者を代表して
山岡龍一

目次

第Ⅲ部　市民自治の技術

第Ⅰ部　市民自治の考え方

1 市民自治とは何かⅠ

山岡　龍一

《目標＆ポイント》 本章では，市民自治という概念のイメージをつかむ。松下圭一の市民自治論を概観し，その意義を批判的に理解する。次に高畠通敏の生活者市民による政治という構想を，それが生まれてきた時代背景を意識して検討する。こうした先達の市民自治論を現代に生かすために，グローバリゼーションとネオ・リベラリズムという問題から，市民自治という考え方に光を当てる。
《キーワード》 市民自治，都市型社会，シビル・ミニマム，公と私，生活者市民，民主主義の実質化，女性の政治参加，グローバリゼーション，ネオ・リベラリズム，弱さ，自己責任

『市民自治の知識と実践』というタイトルをもつ本書は，「市民自治」という言葉をキーワードとする，社会科学の入門である。本章では，「市民自治」という言葉にある程度の意味づけをしたうえで，それが社会科学の学びとどのように結びつくのかを示したい。

市民自治という言葉自体は，耳慣れない言葉であるかもしれないが，決して新たな造語ではない。本書では，以下に示すように，ある程度独自の意味づけをもって，この言葉を使う予定である。しかしながら，既にこの言葉に重要な意味づけがされていたからこそ，我々は市民自治をキーワードに選んだのだといえる。市民自治という言葉を重要な概念として使用し，精力的な著述活動をしていたのが，政治学者の松下圭一である。したがってまずここで，この概念の使用例を点検し，この概念に関する主要なイメージをつかむために，松下の議論を概観しておこう。

1．松下圭一と市民自治の概念

(1) 市民自治と国民主権　松下圭一（1929年-2015年）の学者としての活動は，1950年代後半から21世紀初頭に至るものであり，その著作は膨大な数にのぼる。さらにいうなら，彼の仕事は時代との応答によって書かれているので，そこには議論の発展，つまり変化がある。ここでの課題は市民自治の概念のイメージをつかむことにあるので，松下の主著は『政策型思考と政治』（1991年）だといえるが，我々は松下の比較的最近の著作で，このテーマを概括的に扱っている『日本の自治・分権』（1996年）を主たるテクストとして，他の著作も参考にしつつ，議論を進めていきたい。

《市民自治》という言葉は，《国家統治》という言葉と対比されて使われている。国家統治とは，国家を中心として考える政治の構想であり，松下によれば，それは明治政府の時代から戦後の日本に至るまで，政治家や官僚のみならず，学者や一般国民においても自明視された政治の考え方であった。こうした構想が支配的になるのは，決して日本に特有のことではなく，ヨーロッパにおけるドイツのような，英仏流の近代化の後進国において一般的にみられることだとされた。日本では，大日本帝国憲法（明治憲法）において「臣民」として表象された国民が，戦後の日本国憲法において主権者とされた。つまり，国民主権という民主主義的原理が政治の基礎となったのである。それにもかかわらず，松下によれば，国民は政治の最終的で最高の権威たる主権者であるはずなのに，政治の主体というよりはむしろ客体にとどまってきた。

(2) 都市型社会と自治　市民自治という概念は，こうした主体性を普通の人々にとりもどすことを意図して使用されている。しかしながら松下は，これを一種のイデオロギー（つまり，政治的な掛け声）として使ってはいない。松下の市民自治論は，彼の理解する歴史観に根ざした，事実分析に基づく議論として提示されている。彼がしばしば言及するのは，60年代の市民運動や革新自治体の台頭である。これらを左派的な運動ととらえる旧来の解釈から離れて松下は，「農村型社会」から「都市型社会」への転換という，文明史的観点からとらえた必然的現象として理解している。都市化とは，工業化と民主化の進展であり，我々の日常的生活の物質的な発展に伴う都市型の諸問題（住宅や公衆衛生，福祉や環境等をめぐる諸問題）の発生を意味する。生活の豊かさを求めることから不可避的に生じる公共的な諸問題を，地域に即した仕方で迅速に，そして公正に対処するためには，「閉鎖型の官治・集権政治」が，「開放型の自治・分権政治」によって，とってかわられざるをえなくなったのだ，というのが松下の理解である。

このことは，松下自身も指摘しているように，大震災のような災害時に，一般の人々の危機を救い，生活の必要を迅速に提供できたのが，国家政府というよりは地方の自治体や企業，そしてボランティアの助けを借りたその地域の人々の自発的な活動であったことを想起すれば容易に理解できるであろう。このような政治の主たる目標が，日本国憲法に記された生存権の保障にあるとするならば，この権利を実質的に保障できる政治が真に求められる。松下はそうした保障を「シビル・ミニマム」という概念でとらえ，それを，①社会保障（老齢年金・健康保険・雇用保険＋生活保護），②社会資本（市民施設・都市装置＋公営住宅），③社会保健（公衆衛生・食品衛生・公害）といった3要素に分析していた。市民運動や革新自治体の時代は，こうしたシビル・ミニマムの実質的な要求から生まれたのだと，松下は主張している。

(3) 現代社会と自治体　当然松下は，国家政府ではなく自治体政府に注目し，期待している。自治体こそが，シビル・ミニマムの実質的な実現に寄与できる主体だといえるからである。しかしながら，歴史的な観点をもつ松下は，革新自治体はシビル・ミニマムの量的充足を果たした80年代にその役割を終えたと判断する。都市型社会の成熟は，シビル・ミニマムの質的整備を次なる課題とし，現代日本はそのような課題と向き合っているとされる。質的整備とは，環境や文化の側面において，生活の質を向上させることであり，さらには将来の大災害に向けて積極的な方策を打ち出すことのようなリスクの管理等も意味している。これに，グローバル化の要素が加わる（松下自身は「国際化」という用語を使用している）。グローバル化の進展は，我々の生活を劇的な速度で変化させ，国を超えた人々との関係性の構築を不可避にしている。現代の政治は，こうした新たな諸問題にも取り組まなければならない。

松下によれば，このような現代的課題が，市民自治の必要性をますます高めている。例えばグローバル化の問題を考えてみよう。日本のローカルな地域で起こることが，遠く離れた国のローカルな地域と速（すみ）やかに関係することがわかるようになった時代では，グローバルな仕方で問題を解決しようとするとき，国家政府は即応性を欠くものと映る。コミュニケーション技術が発達した現代では，具体的な問題に実践的に対処できる自治体政府の方が適切な主体となりつつある。このことは，グローバル化の変化に最もよく対処している存在の一つが，私的な団体である多国籍企業であることをみればわかるであろう。そして実際，国際政策をもって自治体外交をするような自治体が，次々と生まれてきたことを松下は指摘する。

こうした傾向は，自治体政府が立法や政策形成といった，政治的機能を自律的に発揮できるようになることを要求する。つまり，国家政府の出先機関のように，〈上から〉の統治を請け負う機関でなく，問題解決を〈下から〉できる自治体が必要になる。こうした自治を積極的に進めている自治体を松下は「先駆自治体」と呼び，従来の役割に甘んじる消極的な自治体を「居眠り自治体」と呼んでいる。そして，この両者の格差が明らかになり，後者の自治体とその住民が自治に覚醒することを，松下は望んでいる。

(4) 市民自治の思想　国家政府に比して自治体の重要性が上昇することは，公と私をめぐる考え方の転換をせまることになる，と松下は主張する。つまり，「〈公〉＝国家＝官僚」「〈私〉＝個人＝庶民」という発想によって，国家政府が〈公〉を独占していたような時代が終わったとされるのである。かくして松下は次のように述べている。

> 私が市民自治というかたちで提起するのは，国家によるタテの統治となるオカミ型の文脈と異なり，〈私〉がヨコに連帯・共生して〈公〉をつくるという共和型の文脈です。市民相互の自治つまり自助・共助による共和型の政治をつくるという考え方がこれです。市民自治という発想がここで成立します。（松下 1996：132）

ここでの「共和」とは〈個人（特殊）の利益ではなく，共同体に共通（一般）の利益の実現を目指す政治〉という意味である。松下は，こうした市民自治という発想が現代において必然的に要請されていると考えている。

このように「市民自治」とは，歴史的変化への現実主義的な対応だということができる。しかしながらそれは同時に，絶えず追求されるべき理想でもある。実際松下は，この発想が1980年代においても現実化されない事例に触れながら，「私たちは，自治思想＋市民訓練による自治体改革どころか，私たち自身の生活課題を解決する能力をもたないのではないか，と考えこまざるをえません」（153）と書いている。もちろん，彼はペシミズムに終わっていない。松下は市民文化の成熟の可能性に希望をもちながら賭けており，「市民みずから自治に習熟していくことが不可欠」（157）だと主張している。

以上の松下流の市民自治概念と，本書の議論がまったく一致しているとはいえないが，その基本的な発想は共有されている。特に，最後に示された希望を実質化することが，我々に課された課題だといえよう。

2. 高畠通敏と市民政治の概念

（1）市民政治の概念　高畠通敏（1933年-2004年）は，松下とほぼ同世代の政治学者であり，実証的な方法論に基づく科学的な政治学を日本において確立した学者の一人である。しかしながら高畠が翻訳・紹介したアメリカの政治学者ロバート・ダールと同様に，現実政治の分析に基づいた規範的洞察への志向も強くもつ政治学者でもあった。高畠は「市民自治」の概念を特に使用したわけではないが，それと深く関連するものといえる「市民政治」の概念を展開している。我々としては松下の議論と連続するものとして，以下に高畠の市民政治論を検討しておきたい。

2004年に発行された『市民政治再考』において高畠は，市民政治の理念そのものが西洋起源であることを説明すると，日本における市民政治の始まりを，松下と同様に60年代の市民運動に求めている。戦後以来の国家政府への異議申し立てにこの頃変化が見られたのであり，革新政党や労働組合が主導するものとは異なる大衆的運動を表す言葉として「市民」という概念が登場した。こうした市民による政治の背後に，高度経済成長による地方から大都会への人口流入による，大衆社会化という現象があるという認識も，松下と同様のものである。高畠は，こうした日本における市民政治の第1期の特徴として，それが西洋では近代市民社会の後に登場する大衆社会化という過程にありながら，同時にいまだ十分に成熟していない市民社会を形成する過程でもあるという，両義的なものであったことを指摘している。

1970年代の中ごろから，日本における市民運動が第2期に入ったと高畠は理解している。つまり，この時期に市民運動が「中央の政府に対する抵抗運動」から「地域での生活に密着した運動」へと変わったというのである。「生活者ネットワーク」の運動に代表されるこの時期の市民運動の特徴を高畠は次のように述べている。

> その主題は，地域での環境保護，保育所の建設，生産者直結の安全食品，祭りの復活などさまざまですが，そこに共通していたのは，大都市に住み始めた人びとが，その生活の内実を質的に向上させ，隣人たちと積極的に交わることができる心の上でも豊かな生活を送りたいという意欲だったと思います。(高畠 2004：34)

こうした運動は，家庭の主婦も参加したという点でも有意義な変化を生み，「生活者市民」という理念を生み出した。

1990年代には，第3期と呼べるさらなる広がりが市民運動には見られると高畠は理解している。1998年の特定非営利活動促進法（NPO法）に象徴される，新しい市民の活動的で公共的な集団行動が飛躍的に増加した。同時にこの時期には，地方政治における住民投票の実施の試みもなされるようになった。本書の以下の諸論にみられるように，この第3期の市民運動の展開が，本書において検討される市民自治概念の重要な源泉となっている。高畠は，この第3期の市民運動において，それが持続的で影響力のある運動となるにつれ，本来はそれと距離を置いていたはずの，利益団体に似たものになる危険があることを指摘している。つまり，市民集団が成功すると，批判よりは建設的政策に励むようになり，しっかりとした運営をするために組織化が進むようになる。このこと自体は必ずしも悪いことではないが，企業や既存政党の政治のような，利益調整や妥協の政治の論理に市民集団が取り込まれていくと，本来「市民」という概念に込められていた理念が失われることがあるというのである。

(2) 生活者市民の概念　ここでは，高畠のいう市民運動の第２期に登場したとされる「生活者市民」の概念に着目してみたい。1993年に出された『生活者の政治学』は，冷戦終結の直後，日本がいわゆるバブル経済を享受していた時期に内容が書かれたという点で，現代と異なる文脈にある著作として読まれるべきものではあるが，我々の市民政治の考え方を再考するうえで貴重な議論が含まれている。

冷戦の終わり，つまりソ連や東欧共産圏体制の崩壊という，世界史的事件の要因の一つとして高畠は「自由を求め，豊かな暮らしを求める民衆の声を，蜂起をいかなる権力も抑えることができなくなったということ」（高畠 1993：18）をあげている。こうした傾向は，体制の違いを超えて世界中で生じており，高畠はそこに新しい世界の到来という希望を託している。彼はこの希望を次のように述べている。

> それは，端的にいえば，生活者の立場が原点になった世界だということができるでしょう。日常生活の中で，愛し合い，家庭を築き，子どもを育て，学校に送り，実直にしかしまっとうに生きようとしている市民生活の幸福の尊重が，政治においても外交においても基本的な出発点になり判断の基準になるという世界が建設されるということ，そこに戦乱と革命の動乱にさいなまれつづけた20世紀世界を超えようと

する人類の希望がかかっているのです。(20)

高畠はこうした生活市民の理念をあげながら,「生活者」の概念の再検討が必要であることを主張している。

生活者市民の政治という考えを明確化するために高畠は,20世紀の前半に,共産主義者(左派)とファシスト(右派)の双方が利用した大衆運動と,20世紀中葉以降に民主主義政治の主流となった利益団体による政治(「利益の民主主義」)との違いを主張する。生活者市民の観点からすれば前者は,人々を動員するために利用される組織化(プロによる素人の管理)と,日常的な生活をかえりみないイデオロギー的政治を採用するという点で,後者は,巨大組織のエゴを促進する傾向があり,政治を追求する手段において腐敗を生む可能性があるという点で,乗り越えられるべきものだとされる。生活者市民の構想には「力を借りて政策を動かすことへの否定的な感覚」(177)があると高畠は述べている。つまり,自分たちの要求を道理に適ったものとし,それを世論にアピールすることで,行政機関等に影響を与えるという方法を,生活者市民の運動は採用する傾向があるというのである。

こうしたいささか理想主義的な高畠の指摘の背後には,民主主義の空洞化への危惧がある。民主政治の基本原則が多数決であるとしても,それが「強制や脅迫あるいは利益誘導」などによって,もしくは「パフォーマンスやカリスマ的アピールなどの虚偽宣伝」によって獲得されたものであるなら,「多数決は無意味」だと彼は主張している(178)。民主主義を実質化するためには「日常生活の必要から発する市民運動のネットワークが現代社会の底辺に網の目のように拡がってゆくということ」(182)が必要だとされている。つまり,あくまでも上からではなく下からの運動として,共通の問題に対する探究がなされねばならない。

生活者市民とは，自分たちのことを改善することを，エゴイズムへと陥ることなく，公共的な要求へと昇華することを目指す，民主的な人間類型だといえるだろう。

生活者市民という考えを高畠は単に理想化しているだけではない。こうした考えが浮上してきた背景に，高度経済成長を経験し，オイルショックを乗り越えてきた日本社会における生活の豊かさの増加があると彼は考えている。それゆえに，そこには「生活保守主義」という感情があり，こうした感情はあらゆる立場の政党が政治的に利用するものであると指摘されている。生活保守主義は，国家政府における《政治》には無関心になりがちであるが，消費税や食品安全のような身近な問題や，政治家の汚職や腐敗のような日常感覚に不快を与える問題に，敏感に反応する傾向がある。このような生活保守主義がどのような政治と結びつくのかは，開かれた問題であり，高畠はさまざまな指摘をしている。

我々としてはまず，ここで検討した高畠の著作が，バブル経済の時期に書かれたことに改めて留意しておく必要がある。いわゆる「失われた20年」を経験し，格差社会の危機が指摘される現代日本において，高畠が警戒するある種の満足感に浸る生活保守主義という概念は，的外れのように思えるかもしれない。それゆえに生活者市民の概念は，安定した生活を確保した市民と，そのような安定・安心を奪われた人々を分断するようなものになってはならない。我々はむしろ，この概念にあるポテンシャルに賭けるべきであろう。「生活」という抽象的ではない具体的・個別的なものを足掛かりにすることが，すべての人が何らかの「生活者」であるという意味で，公共性へと接続される可能性があるという考え方であることに注目すべきであろう。これは，我々が現代において市民自治を探究するうえで重要な視点である。

(3) 女性の政治参加 生活者市民による政治を語るなかで高畠は，女性が政治に参加することで生まれる政治改革への希望を表している。女性の社会参加と政治参加という点で，日本が他国と比べて立ち遅れていることは，現代でも問題とされていることはいうまでもない。生活者による政治とは，玄人（プロ）に牛耳られている政治（統治）に，素人（アマチュア）の政治を導入する，つまり「市民的な常識を政治にもちこむ」(157) ということも意味する。事実として政治の外部に置かれてきた多くの女性は，そうした歴史的境涯から「市民的な常識」を政治に導入する役割を担える立場にあるといえるのである。

この論点は，高畠や松下と同世代の政治学者，阿部齊（1933年 -2004年）も強く主張していたものである。『現代日本の地方自治』(1999年) において阿部は，政治における性別格差を是正する方法について論じているが，その際，地方政治における女性議員の増加に期待を寄せている。つまり，たとえ国政レベルの選挙では，政党間の差異を無視する投票を訴えることに違和感をもつ人が多くても，地方レベルの選挙では中央レベルの選挙から相対的に独立した力学が働く余地があるのであり，それは実際の投票行動にも表れているというのである。女性候補が自前の組織をつくって下からの運動をするならば，確実に政治は変わっていき，それはやがて国政レベルの政治にも影響を与えるであろうと，阿部は主張している。そして高畠と同様に阿部は，女性の政治参加が民主主義の質の向上に貢献すると考え，次のように述べている。

> 地方自治の自治とは，民主政治の理想を指す概念であるが，もともと自分のことは自分で処理するという意味であろう。それを日常生活のレベルでみれば，食事をつくったり，下着を洗ったり，掃除をするといった家事を滞りなく行うことである。これまで大多数の男性は，必

要な家事をすべて女性に押し付けながら，政治，経済，社会の各方面で活躍してきた。しかし，そんな男性たちの多くは家事能力を喪失しているのだから，言葉の本来の意味での自治を遂行する能力を喪失しているともいえよう。したがって，地方自治における自治の復権は，男性よりも女性に期待せざるをえない。（阿部 1999：91）

ここにはいささかレトリックが入っているといえるし，家事における性的役割分担の状況は現代では大分変化しているといえるかもしれない。しかしながら，政治，特に地方自治政治に，生活者の視点を導入すべきだという論点は生きているし，女性がその担い手として重要な存在であることに変わりはない。しかしながら，市民政治における女性の重要性を強調することには，他の重要な論点が含まれている。次章で検討するように，市民自治や市民政治という理念は，西洋における市民社会の概念に多くを負っている。しかしこの西洋の市民社会概念は，少なくともその原義に注目するとき，一定の限界をもっていた。つまり，古代ギリシアでは市民とは成人男子を指し，女性や子供，居住外国人や奴隷を排除する概念であった。長い歴史を経て現代の多くの民主的社会では，市民概念におけるこの閉鎖性は，少なくとも理念において，克服されてきた。しかしながらこのような限界は実際の社会慣行においてはしばしば残存してきたのであり，日本における女性の社会・政治参加の不足は，そのような限界の端的なしるしなのである。

したがって，生活者市民の重要な担い手として女性に注目することには意味がある。そしてこの論理に従えば，女性だけでなく，居留外国人をはじめとする，共に生活をする仲間を，市民のメンバーとして前面に出す必要も理解できるだろう。そして性差別の問題は，現代では単なる女性問題ではない。LGBTQ ＋の問題を，市民政治の構想に導入することは，高畠や阿部の考えに沿うものだといえる。つまり，生活者という概念に込められている普遍性の契機が，市民概念の開放性に寄与するのである。

3. 現代における市民自治

(1) 21世紀という文脈 我々は松下，高畠，阿部といった先達の議論に，現代における市民自治の概念を理解するうえで重要な基盤があることを確認してきた。しかし，彼らの議論のすべてを，無媒介に現代の問題に適用してよいという保証はない。ここでは，現代社会にあるいくつかの特徴を，市民自治という観点から考察し，我々の課題を明らかにしてみたい。以下では主として，グローバリゼーションとネオ・リベラリズムという，二つの観点から検討する。

グローバリゼーションは，概念としては1990年代頃から社会科学において注目されはじめたが，現象としては，程度の差はあれ，近代社会が進むにつれ発達してきたものである。それは，国境を超えて，地球規模で人間の関係性が構築されることを意味し，とりわけコミュニケーションと輸送の技術による関係性の促進に焦点が当てられる。狭義のグローバリゼーションは，こうした関係性の促進が，現代の通信・輸送技術の発展によって，急速になり，国家のような主体でも制御することが困難になっている状況を意味する。その最も顕著な特徴は，金融をはじめとする経済領域に現れており，現在，グローバルな経済市場の動きを，一国政府が制御することはますます困難になっており，それに対するグローバルな方策がさまざまに準備されている。

グローバリゼーションには，単純化していえば，光と影がある。光とは，グローバリゼーションがもたらすと思われる種々の利益であり，それは経済的繁栄のみならず，人口移動も含めた人間の移動によって促進された，人的交流が生み出す積極的な倫理的・文化的価値などもある。人権意識の浸透や，多文化共生への理解の深まりなどが，その事例であろう。影とは，グローバリゼーションがもたらす種々の不利益やリスクである。すでに述べた経済市場の統治の問題は，例えば2008年のリーマン・ショックが，一国（アメリカ合衆国）の経済失政が世界規模の金融危機を引き起こすことを明らかにしたように，つねに警戒を怠れないものとして各国の政府に認識されている。2020年の新型コロナウィルス（COVIT-19）のパンデミックは，最も深刻なかたちでグローバリゼーションの負の側面をあらわにした。いまや，一国において生じた危機が，世界大に広がる可能性が増大しているのであり，グローバリゼーションの利益の享受が不可避になるなかで，このリスクにどう対処すべきか，という問題は，深刻な課題となっている。

市民自治の構想をこの文脈において考えてみよう。松下の言葉を使えば，市民自治は国家統治と対比されてきた。グローバリゼーションが国家統治の能力を相対化するという事実は，何を生むのか。国家統治が国民国家体制において保障してきた生活の安全が脅かされる危険性に対して，市民自治には国家にできるだけ頼ることなく対処するよう努めることが期待される。生活者が具体的に直面する問題を解決する方策として，国家政府や地方政府に頼るという選択肢がなくなるわけではない。しかしながら，現実にある問題を迅速に実質的に解決する方法を，自分たちで模索する必要性がますます高まると思われる。市民自治はいまや，既存の統治にいかに影響を与えるかという問いだけでなく，自分たち自身の統治をいかにして自治的に確立するのかという問いと，直面せざるをえない。

グローバリゼーションにある光の側面には，市民自治に希望を与える要素がある。かつては理想にすぎなかった「世界市民」という考えは，現在ではかなりの現実性をもったものとなった。SNS を通じたグローバルな連帯の構築に関しては，その例に枚挙のいとまがない。一国における地方の問題は，そこではマイナーなものと認識されるかもしれないが，グローバルな視点からみれば，共感する多数者とつながる可能性があるのである。すでにみてきた市民概念の開放性という課題は，グローバリゼーションによって促進される可能性が高まるであろう。

グローバリゼーションの影，特に新型コロナウィルスのパンデミック以降の状況（これに加えてイギリスの欧州連合離脱（Brexit）のような反グローバル化の流れ）に，市民自治がどう対処すべきかは，容易に答えられない問いである。例えば，グローバリゼーションへの反動としてのナショナリズムが勃興するなら，どうなるであろうか。ナショナリズムには，民族自決という表現があるように，自治の概念と結びつく要素がある。市民自治の構想は，そのような動きがある場合，生活者市民という視点を保持することで，それに警戒する必要があるだろう。こうした文脈では「世界市民」の観念は空虚に見える可能性が高いだけに，「生活者市民」の観念は重要になる。

(2) ネオ・リベラリズムと市民自治　グローバリゼーションが社会科学の前面に出てきた時代は，世界史的にみると冷戦の終わりの時代であった。この時期，自由主義圏を代表する国であるアメリカとイギリスでは，R. レーガン大統領と，M. サッチャー首相が，同傾向の経済政策を遂行していた。規制緩和，自由化，民営化といった原理を中心とするその政策は，第二次世界大戦後に西側諸国でも主流であった福祉国家政策（社会主義に対する古典的自由主義の妥協とも呼べる政策）に根本的な転換を迫るものであり，ネオ・リベラリズム（新自由主義）政策と呼ばれる。このネオ・リベラリズムは現代では，日本（そして旧共産圏の国々）も含めた多くの国家で，さまざまなバリエーションがありながら，影響力のある政策となっている。ここでは，市民自治という構想との関係で，二つの論点を検討しておきたい。

第１に，国家統治への批判として生まれてきたといえる市民自治は，ネオ・リベラリズムと共通した文脈に置くことができる。サッチャーがその政策を正当化できたのは，戦後レジームの基本政策であった福祉国家政策が，国家政府（官僚統治）の肥大を生み，非効率的な統治によって経済を疲弊させてきたのだという認識が，イギリス社会に広く共有されていたからである。この認識とセットになっていたのが，国家に依存しない《自立した個人》が必要である，という倫理的テーゼであった。こうした官僚制的統治への批判と，自立した個人の称揚は，市民自治の構想と重なるところがある。

しかしながら，こうした批判に基づく代替案において，両者の違いがあることもたしかである。ネオ・リベラリズムが称揚する個人が相互に結びつく様態を構想する際に提示されるモデルは，《競争》という関係性であり，その場としての《自由市場》である。競争や自由市場が，実際に公正であるかどうかという問題（これは，実際は根本的に重要であり，この点をごまかすなら，ネオ・リベラリズムは単なる欺瞞（ぎまん）に終わる）は措いておくとして，このようなモデルが市民自治のそれと異なるものであることは疑いない。もちろん，現代社会において自由経済の論理を無視することは不可能である。だが，市民自治が構想する自立した個人は，同時に自らの，そして他者の弱さ（vulnerability）を承認する個人であり，それゆえに《競争》だけでなく《共生》を重視する。人々が実際に生活をしていくうえで，それに必要なものをすべて競争的な市場で手に入れることは不可能であり，実際に自らの生活を守るために自立する個人がいかにして集合的解決をするのかという課題に答えるために，自治の構想があるのである。

ネオ・リベラリズムのイデオロギーは，社会関係をすべて自由市場的関係に還元しようとする。〈すべてが民営化されれば社会がうまくいく〉という洞察を売りにするわけである。しかしこのイデオロギーは非現実的だといえよう。自由市場は，そこにおいて不可避的に生まれる敗者を救済し，再び市場に参加することを可能にするセーフティーネットがあってはじめて，現実的に機能する。すべてを市場化するということは，このセーフティーネットを破壊することを意味し，市場そのものを機能不全にするであろう。市民自治は，このようなセーフティーネットの構築に貢献することで，ネオ・リベラリズム以上に自由市場を守る役割を担うことができる。

第２の論点として，「自己責任」という概念がある。国家に依存せず，自立する個人というネオ・リベラリズムの人間類型に伴うのが，自己責任の論理である。自らの幸福の実現は，自らに責任があるという考えは，一見まともなものに思えるが，自己責任の論理はしばしばレトリックとして，国家や社会による個人の助成を削減することを正当化するために利用されていることに注意しなければならない。競争の論理は，敗者における敗北の原因を，その敗者の責任に帰する。問題は，実際の社会は完全な競争ではないし，敗者が本当は弱者ではない場合もある，ということである。社会を競争として記述することは理論的には正当な行為だが，そのようなモデルをそのまま使って社会の問題を扱うことには大きな不合理が存在する。

この不合理性に関して考えるべきことは，既に見てきた人間の弱さだけではない。現実の人間の境涯には，運の要素が不可欠であることも重要である。そしてこの現実を真剣にとるなら，根本的な困難と直面することになる。つまり，ある人の行為の結果が，どの程度までその人の意志の所産なのかを，正確に測定するのは難しいという問題である。何らかの選択がなされたとして，その選択が置かれた環境が，その選択を不可避にしていたり，その選択そのものを無意味にしていたりするかもしれないし，あるいは，その選択そのものは極めて合理的なものであったにもかかわらず，運のような制御不能な要素によって失敗に終わるかもしれないし，その逆の場合もあるかもしれない。人間の自由意志が幻想だというわけではない。現実の行為において，そのどの程度が自由意志の所産なのか，つまり責任を負うべきものなのかを正確に測ることは，不可能だとはいわないまでも，実践的な判断においては実現が極めて困難なことなのである。

自己責任と市民自治の最大の違いは何だろうか。前者は，人々を分断し，孤立化させる傾向があるのに対し，後者は，人々の共同性を促進する。競争の論理そのものは，必ずしも人々を分断しない。市場には，共同の利益を促進することで，人と人との結びつきを強化する要素もある。しかしながら自己責任の論理を，強度の高い仕方で導入するならば，競争の論理は人と人とを敵対関係に置くことになるであろう。他方，市民自治の構想は人々の協働作業を促進するが，それが無責任な個人の醸成になってはならない。後の章で検討するように，集合的行為にはフリーライダー問題が付きまとう。ネオ・リベラリズムが提起した，福祉政策は依存的人間を作り出すという糾弾にも，首肯すべきところもある。こうした批判を引き受けつつも，人間の弱さを受け止めつつ，それを克服する企てとして，市民自治の在り方を探究する必要があるのだ。

市民自治とネオ・リベラリズムは，共通の敵をもつことがありうる。それゆえに市民自治は，ネオ・リベラリズムに取り込まれたり，利用されたりする危険性がある。この二つを分かつ根本的な関心が存在する。ネオ・リベラリズムは，社会における強者となることを目指すものであるのに対し，市民自治は社会における弱者に配慮するものである。これは自己意識の持ち方の違いとして理解できる。自分が強者になりうることを意識しているか，自分が弱者になりうることを意識しているか，という違いである。強い人間になることを夢見て，努力することに何の問題もない。しかしながら，しばしばリスク社会とも呼ばれる現代社会に生きる生活者が現実的にもつべき自己意識に，市民自治的な要素が不可欠だというのは間違いないだろう。

参考文献

阿部齊 1999『現代日本の地方自治』放送大学教育振興会。
齋藤純一 2005『自由』岩波書店。
坂井素思／岩永雅也編著 2011『格差社会と新自由主義』放送大学教育振興会。
桜井哲夫 1998『〈自己責任〉とは何か』講談社（講談社現代新書）。
高畠通敏 1993『生活者の政治学』三一書房（三一新書）。
高畠通敏 2004『市民政治再考』岩波書店（岩波ブックレット NO.617）。
高畠通敏 2005『現代における政治と人間』岩波書店。
原田順子／北川由希彦編著 2015『グローバル化と私たちの社会』放送大学教育振興会。
松下圭一 1975『市民自治の憲法理論』岩波書店（岩波新書）。
松下圭一 1991『政策型思考と政治』東京大学出版会。
松下圭一 1996『日本の自治・分権』岩波書店（岩波新書）。
松下圭一 2003『社会教育の終焉』新版，公人の友社（初版は1986年）。
山口定 2004『市民社会論　歴史的遺産と新展開』有斐閣。

学習課題

1．松下圭一の市民自治論における歴史的思考を考察し，その現代的な意義を考えてみよう。
2．高畠通敏の生活者市民という概念を，具体例を探して考察し，政治的なものと非政治的なものの関係性について再考してみよう。
3．現代社会における具体的な問題を解決するうえで，国家政府に頼るだけではうまくいかないと思えるものは何であるかを考え，なぜそうなるのかを考察してみよう。

2 市民自治とは何かⅡ

山岡　龍一

《目標＆ポイント》 市民自治の概念を，市民社会と自治の概念に分けて，原理的に考察する。市民社会の意味が，歴史を経た重層的なものであることを理解し，そのうえでその現代的な解釈のあるべき姿を考える。自治の概念の日本的受容と，自治と統治の関係性を考えることで，批判的な市民自治の必要性について理解する。
《キーワード》 市民社会，自治的市民社会，自治と地方自治，自治と統治，正当性

我々はすでに，日本における先達の市民自治論を見てきた。そして，それが現代社会においてどのような意味をもちえるのか，その可能性を考えてきた。本章では，市民自治という概念の原義にせまり，その潜在的な意味を分析することで，この考察をさらに深めていきたい。

1. 市民と市民社会の概念

(1) 市民社会の概念　日本の社会科学の概念には翻訳語が多い。これは，明治（もしくは幕末）における日本の近代化が，主としてヨーロッパ化であり，ヨーロッパの科学や思想の吸収によって学問の基礎がつくられたことに起因する。「市民」や「自治」も例外ではない。ここでは，これらの言葉の原義を簡単に振り返り，そのうえでこうした言葉が我々にとってどのような意味をもちうるのかを描いてみよう。

市民の概念を，社会科学の観点から思想史的に検討する際，我々は同

時に「市民社会」という概念を検討すべきである。なぜなら，市民社会の概念こそ，日本の特に戦後の社会科学に多大な影響を与えてきた概念であるからであり，市民の社会的意味こそ，我々が探求すべきことがらであるからである。市民概念の現代的意味を探るという我々の目標のために，市民社会の概念史の全貌を描く必要はない。ここでは，この概念の発展を大きく３期に分け，それぞれの意味を明らかにすることにしたい。その際，前章の松下の議論で注目された，公と私の関係に着目する。

(2) 古典的市民社会の概念　「市民社会」を英語表記すると civil society になる。この civil society は16世紀にラテン語の civilis societas の訳語として生まれた。そしてこの civilis societas はギリシア語の politike koinonia のラテン語訳であった。この politike koinonia は polis，つまり古代ギリシアの都市国家「ポリス」を意味し，そのラテン語訳は civitas である。こうして語源をたどるならば，市民社会の古典古代的な意味が明らかになる。つまり市民社会とは古代におけるポリスや共和国を意味する場合がある。その特徴は，私に対する公の圧倒的な優位に求めることができる。ポリスの哲学者であったアリストテレスは，市民を規定する際，人はただポリスに居住するという消極的な事実によって市民となるのではない，と主張した。人は，自らが属するポリスの公的職務（民会や陪審裁判）に積極的に参加することによってはじめて，市民になれるとされた。つまり，公的な義務に，市民のアイデンティティの中核が定められていた。そうした義務の中で最も重要なのが，戦争における兵士としての務めであった。

こうした極めて政治的な意味をもつ市民社会概念は，16・17世紀においても構想されていた。たしかにこの時代の国家は，もはや小規模の都市国家ではなく，今日の我々が知る近代国家であった。つまり，市民全体の参加によって政治がなされるような政治共同体ではなかった。しかしながら「市民社会」の洞察は,〈平等で自由な市民の共同体〉という水平的に権力が創出される政治社会観として,絶対君主政(つまり一人の絶対権力者による垂直的な権力行使の政治)を批判する政治的原理となっていた。17世紀イングランドではこうした原理が,共和主義者のミルトンや,社会契約論者のロックによって批判的原理として利用され,その後の時代に影響を残していく。こうした古典古代から初期近代にいたる第一期の市民社会観を,《古典的市民社会概念》と呼んでおこう。

(3) ブルジョア的市民社会の概念　第2期の市民社会論は,ドイツの哲学者ヘーゲルによってもたらされた。18世紀のスコットランドで生まれたアダム・スミスの経済学を研究したヘーゲルは,国家とは独立した公共圏としての市民社会を,bürgerliche Gesellschaft として思念した。これは,自立した個人が市場を通じて相互交流する経済社会を意味した。その意味でこの市民社会観は,個人の私的利益から出発する。つまり,私的領域から分離された,私的領域を規制する領域として公共圏を提示した古典的市民概念とは異なり,ここでは私的利益から出発し,それを動機づけとしながら,国家とは異なる公共圏を私人たる市民が形成するとされた。ヘーゲルは市民社会を「欲求の体系」と呼びながら,私人の欲望の追求が分業という社会的な相互依存を不可避とし,それゆえに人間同士の普遍的な関係性の自覚に人々が到達する場として,市民社会に一定の倫理的評価を与えていた。ただしヘーゲルはこの市民社会の公共性に限界を見出(みいだ)し,彼が考える倫理的な国家によって最終的には乗り越えられるべき存在として,市民社会を考えていた。

こうした経済社会としての市民社会観は,ヘーゲルを学んだマルクスにも引き継がれ,マルクスにおいてはこの意味での市民社会の廃棄が,彼が描く共産主義社会の到来に必要なものとされた。このマルクスの用語は特に戦後日本の社会科学に多大な影響を及ぼし,かつては日本の社会科学における「市民社会」概念の主要な意味となっていた。（実際，翻訳語として見たとき，日本ではまずこの bürgerliche Gesellschaft が原語であった）。ここで注目すべきなのは，国家から独立しており，さらには古典的自由主義（つまりスミス流の自由市場主義）のように国家政府からの経済的自由を要求するという意味で，批判的な原理として理解された市民社会論があったという事実である。この第２期の概念を，《ブルジョア的市民社会概念》と呼んでおこう。

（4）結社的市民社会の概念　国家と社会の分離を強調する，この第２期の市民社会概念に続くのが，国家と対抗的な政治性をもつ第３期の市民社会概念である。この概念が注目されるきっかけとなったのが，1980年代東欧の民主主義革命であった。経済社会としての市民社会の廃棄を目指した旧共産主義国家が，実際に生み出したのは一党独裁政と強大な官僚制による抑圧的な支配であった。こうした支配に対抗する勢力が，この時期の東欧圏に生まれた。ポーランドの独立自主管理労働組合「連帯」が，その代表的な存在である。こうした自発的な団体によってなされた，官僚制国家に対して言論と結社の自由を求める要求が，市民社会の復活として表現された。かくして，国家とも市場社会とも区別される，自発的な諸結社と，そのネットワークによって表される公共性に，注目が集まったのである。

こうした運動に刺激されて，市民社会の再定義がなされた。例えばアメリカの政治理論家であるマイケル・ウォルツァーは「市民社会」という言葉は「強制によらない人間によるアソシエーションの空間を意味しており，さらには，この空間を満たす――家族，信仰，利害，関心，イデオロギーといったもののために形成される――一連の関係のネットワークをも指している」（ウォルツァー 2012：216）と述べている。同様にドイツの社会理論家であるユルゲン・ハーバーマスは，自らがかつてヘーゲル流の bürgerliche Gesellschaft として理解した市民社会を，Zivilgesellschaft として再定義し，「自由な意思にもとづく非国家的・非経済的な結合関係」とみなすようになった。そしてその具体例として「教会，文化的なサークル，学術団体をはじめとして，独立したメディア，スポーツ団体やレクリエーション団体，弁論クラブ，市民フォーラム，市民運動があり，さらに同業組合，政党，労働組合，オールタナティブな施設」（ハーバーマス 1994：xxxviii）をあげている。

何をその具体例にするかに意見の相違があるが，この新しい市民社会概念は，新たな公共圏を表象するものとして社会科学者の注目を集めてきた。その特徴は自発性と批判性である。東欧革命の文脈では，それは革命的な含意をもつ批判性を帯びていた。しかしながらいわゆる自由民主主義国家の文脈では，この市民社会概念は，国家や市場に対抗するが補完的でもあるような批判性をもつものと理解されている。例えばウォルツァーは，「我々の政治的・経済的諸活動や国民文化といったものの特性がアソシエーションの強度と活力と深い関わりをもっている」（228）と述べながら，「かつての無政府主義者のように市民社会のみを選択するのは不可能である」（233）と主張している。つまり，国家政府や市場社会を所与のものとしつつ，それらの不完全性を補完する存在として市民社会を思念しているのである。換言すれば，このような市民社会の衰退に，現代社会の諸問題を見出すような視点が，社会科学に導入されてきた。この第３期の概念を，《結社的市民社会概念》と呼んでみたい。

(5) 自治的市民社会の概念　我々が本書において追究し，発展させようとするのが，この結社的市民社会の概念である。ここでそれぞれの概念における市民像を振り返ってみよう。古典的市民社会概念にあったのは，〈愛国的な兵士〉という市民像である。市民のアイデンティティは，公的な義務の遂行に求められた。他方，ブルジョア的市民社会概念にあったのは，〈利己的な商人〉という市民像である。そのアイデンティティは，私的な利益の追求の相互的な承認に求められた。

では，結社的市民社会概念の市民像とはいかなるものであろうか。それは，様々に異なった具体的な善を，自発的な結社を通じて追求する〈普通の人々〉，すなわち生活者である。ここでいう「善」とは，物質的利益のみならず，宗教や芸術といった文化的価値をも含んだ，種々の価値を意味し，それは個人が希求するという意味で私的でありながら同時に，自発的協働関係によって追求されるという意味で公的でもある。そしてこのような公共性は，固定的なものではなく，人々のつながり方によって変化する流動性を帯びている。そして人々は単一ではなく複数の結社に参与しており，それゆえに多元的な善を追求できる自由な空間を必要としている。

したがって我々が探求する市民のイメージは，単に公的な義務を引きうけるのみでなく，自らの私的な善を公共的に追求することで，公的な空間を創造しつつ，自らが善とみなすものを絶えず再検討していくような人びとであると，暫定的にいえるであろう。結社的市民社会概念が，国家や市場に対抗しつつ補完する公共圏を抱いているとすれば，我々の市民社会像は，もう少し批判的ないしは規範的かもしれない。しかしながらこの市民像を，私的な善からはじめて，公共性へとつながっていく関心という観点から検討し直すならば，前章で見てきた生活者市民の考えと重なり，より具体的ないし経験的なイメージとなるだろう。こうして得られる市民社会の考え方を，《自治的市民社会概念》と呼ぶことができる。

2. 自治の概念

(1)「自治」の語源 次に,「自治」の概念について検討する。ここでは,石田雄(1923年生まれ)の『自治』(1998年)を主たるテクストとして,日本においてこの概念がどのように理解されてきたのか,ということを確認し,そのうえでこの概念の現代的な意味を探求したい。

石田による「自治」という観念の説明は,二つの基本的事実に依拠している。第1に,自治には,中国古典に由来する「自然に治まる」という自動詞的意味と,ヨーロッパからの翻訳語に由来する「自分で自分を治める」という他動詞的意味がある。第2に,ヨーロッパ語の訳語としての「自治」にも,二つの意味がある。つまり,英語の self-government と,ドイツ語の Selbestverwaltung の翻訳語である。英語の場合,しばしば「自由・自治」と併記されるような民主政と同義に使われ,中央・地方の区別なく自治政治にこの語が適用されるのに対し,ドイツ語の場合,地方に関する(政治的支配と区別された)行政を意味する傾向がある。

(2) 明治憲法体制と自治 こうした語源的違いに着目しながら石田が問題にしているのは,英語の self-government としての自治は,〈個人の自律〉から〈国家の民主的統治〉まで,ありとあらゆる形態の自己支配に適用できる概念であるのに対して,日本では自治という観念が,伝統的に主として地方自治を指す言葉として使われてきた,ということである。この傾向は,近代国家の建設を急いだ明治政府の時代に形成されたものであった。つまりこうした「自治」解釈は,中央政府の支配を確立したうえで,権威的な決定や利害の調整といった《政治》の機能を中央政府に限定し,その中央政府での決定を執行する行政機関として,(地方政府ではない)地方自治体を憲法体制の中に位置づける試みだったのである。このように政治的主体としての政府の性格を否定された地方自治体では，「自然に治まる」という自動詞的意味の自治概念が，伝統的な農村型のムラ社会の政治原理に適合的なものとして採用された。

明治憲法体制の地方自治において統治＝管理を任されたのは，「名望家」たちであった。つまり，中央の政治から切り離された地方自治では，中央の財政に依存せずに「名誉職」を担うに足る資産をもった人々が，統治を任されたのである。これは二つのことを意味している。第１に「地方」の「自治」は，中央政府の財政負担の軽減のために必要であった。これは現代でも，「自助」や「自己責任」という言葉を使って，政府の財政負担を自治体や国民に転嫁する際に使われる論理である。第２に「名望家」は，中央集権化に貢献する存在であった。石田によれば名望家は，「国家権力から与えられた若干の名誉に満足して，村落共同体の伝統的連帯感情を中央の官僚支配に接合し，それに従属させる役割を果たした」(石田 1998：26)。

このような，中央集権的国家に従属する「自治」概念が，つねに盤石だったわけではない。近代化もしくは都市化が進む中で，様々な問題が「下から」生まれてくると，〈地域において問題を実際に解決していく〉という意味での「自治」の考え方を提示する人々が，明治憲法体制下にもいたことを石田も描いている。しかしながらそうした試みはすべて，最終的には国家による統治に吸収されてしまった。つまり，「自治」という概念が自動詞的な意味にとどまるとき，それは容易に「挙国一致」のような掛け声の下で，人々を国家統治に動員するレトリックに変容してしまったのである。とりわけ1925年の治安維持法の成立以降，労働組合や産業組合，農業団体は国家総動員体制に吸収されていった。1940年における大政翼賛会の出現は，政党という政治団体が国家統治に組み込まれるという意味で，自治が統治に取り込まれる決定的な事件であった。

(3) 戦後日本における自治　こうした明治憲法体制における自治概念の問題性は，戦後日本の民主化過程においても維持された。たしかに日本国憲法が国民主権の原理を採用したように，日本は明治憲法体制とは異なった政治体制になった。しかし「自治」ということの理解に関しては，戦前との連続性を強く保ったのである。たしかに，民主主義が政治原理の中心となった。しかしながらあくまでも代表者による間接民主政（代議制民主政）が主流であるとされ，自治概念と親和性が高い直接民主政（参加型民主政）は例外であり，間接民主政を補完するものに過ぎないと考えられた。そして「自治」はあいかわらず「地方自治」を意味すると理解され，「地方自治」もあいかわらず中央政府の下請的役割を果たすものという理解が主流となっていった。

こうした自治概念に変化が生じるきっかけとなったのが，1960年代以降の市民運動と革新自治体の登場であったとする点で，石田と前章でみてきた松下圭一や高畠通敏の認識は一致している。松下と同様に石田も，高度経済成長や都市化が生みだした公害のような問題に，既存の統治が適切な対応をとれない中で，こうした具体的な問題を解決するために市民運動や革新自治体が生まれ，活発化していったと理解している。そして松下と同様に石田も，「市民自治」という考え方の興隆を，新しい重要な現象として注目している。つまり，「市民」という個人が「自治」の担い手として理解される自治概念が，日本においても現実を動かしはじめたことの重要性を，石田は強調している。そして70年代後半における革新自治体の衰退以降も，市民自治の構想が継続していることに石田は注目する。つまり，1980年代に始まった米軍住宅建設に反対する逗子（ずし）市民の運動や，三宅島での米軍艦載機訓練用空港建設反対運動といった市民運動に関して，単に消極的に抵抗するだけでなく，地方自治法の活用や米国への直接交渉という，民主政治の手法を積極的に活用するところに，新たな市民の在り方を見出しているのであり，これは高畠の市民政治の理解と一致するものであろう。

石田はこのような新たな市民の活動に呼応した，新たな「自治」概念に対する期待を表明している。そのような自治を「個人間の公正な手続きを経た合意によって，自分たちが統治の主体であり同時に客体であるという関係を創り出す作為」(115) と石田は表現している。このような自治概念は，我々が大いに参考とすべきものであろう。

3. 自治と統治

(1) 自治への批判　石田が指摘したように，「自治」という発想には「動員」のレトリックに転化する危険性がある。明治憲法体制下においてこれは，個人の概念の未発達に起因していたといえるかもしれない。しかしながら個人主義が確立しても，この問題は残る。既にみてきたようにネオ・リベラリズムのレトリックによれば，自治は小さな政府を正当化する概念となり，社会保障を切り詰め，人々の生を市場原理の支配のもとに置く（つまり市場に動員する）ことを惹（ひ）き起こす概念となる。こうした文脈の中で社会内での格差が広がり，貧困層を中心に人々のあいだに社会に対する不満が高まると，ナショナリズムのような政治イデオロギーに人々が動員される可能性が高まる。

こうした回路を経ずとも，「自治」観念には石田が指摘した自動詞的意味がつねに混在する可能性があり，それゆえに「自発性」を装った動員の技術（例えばカルト宗教や詐欺行為を考えてみよ）によって，人々はしばしば簡単に犠牲となる。これと似た問題性を政治学者のエーレンブルクは，「市民社会」を非国家的な公共性を担う自発的結社として規定するだけでは，環境保護団体とＫ・Ｋ・Ｋ（白人至上主義のテロリスト団体）との区別ができないという形で指摘していた（エーレンブルク 2001：319）。

これとは別に，「自治」には次のような批判がつきまとう。自治を個人の問題としたときそれは自己支配の倫理となる。これは形式的にいえば，〈自分のことは自分で決める〉という意味をもつ。しかしながらこうした自己決定が，他者との協調を著しく欠くとき，しばしばそれは利己主義（エゴイズム）と呼ばれる。これと同じことが集団でなされ，他の集団から集団エゴイズムと呼ばれることもあるだろう。そして実際，市民による自治運動が，「地域エゴ」と呼ばれるケースがある。米軍基地への反対運動にしても，特定の政治的立場からみるならエゴイズムとみなされるであろう。ゴミ焼却場や原子力発電所の設置に反対する住民運動は，そうした設備がその地域よりもはるかに広範な領域の住民にとって必要であると政治的に正当化されている場合，地域エゴとみなされる可能性が高い。では，もしもこのような批判を受け入れるなら，我々は再び統治に従属し，統治を補完するものとしての「自治」の概念に戻らざるをえないのだろうか。

(2) 統治の概念　以上のような問題をより深く理解し，我々としての暫定的な立場を構想するために，再び「自治」の概念を，その対概念である「統治」の概念とともに考察してみよう。英語の統治を表す government は，ラテン語の gubernaculum に由来する。この gubernaculum は「舵（かじ）取り」を意味した。西洋の政治思想史ではしばしば，国は船にたとえられ，統治術は船の舵取りとして理解されたのである。この理解によれば，統治とは人々を一つの方向へと強制的に運ぶことであり，そこで重要なのは強力なリーダーシップだということになる。

このような統治概念を自治概念とともに論じているのが，有賀弘，阿部齊，斎藤眞の共著である『政治』（1967年）である。そこでは「政治の重要な機能は，〔政治社会を形成する人々のあいだにある〕この異なった意見，対立する考え方や利益を調整し，協力せしめて，一つの社会としてまとめ，安定と秩序とを作り出していくことにある」としながら，こうした政治の機能を「統合の機能」と呼んでいる（有賀・阿部・斎藤 1994：６）。そのうえで統合の方式における「二つの相対立する理念的な形態」に，「自治」と「統治」があるとする。そしてこの両者を以下のように説明している。

> 前者〔自治〕においては，「決定」はその社会の構成員全員によってなされるのであり，したがって全員が権力者である。この場合，政治的統合が達成されていくためには，構成員全員の「決定」への自発的服従がなければならず，そこでは個々人の極度の自発性が要求されるといえる。これに対して，「統治」においては，「決定」は特定の個人ないしは集団によってなされるのであり，統合の貫徹のためには，構成員に対する強制の側面が強く押し出されて，個々人の利害には犠牲と譲歩とが要求されることになるであろう。(10)〔強調は引用者〕

このように純粋な理念として思念された「自治」を現実に行うことは不可能だとしながら，この著作は統治の不可避性を主張している。つまり，政治という統合を達成するには，強制力の存在と，その構成員に対する何らかの犠牲と譲歩の要求が不可欠だとされた。とはいえ，この統治がもしも純粋に遂行されるならば，それは独裁制となり，権力の正当性という問題が生じる。したがって現実の政治においては，統治のみが完全に実施されることはなく，必ず自治が，つまり構成員の社会への参加がともなわざるをえない。つまり，統治の極大化は個人性の否定という全体主義の危険があることを指摘しながら，「自治を強調することは危険に対する防止，制約としての役割を果たすこととともなる」とこの著作は主張する。そして「政治の課題は，自治の観点を確保しつつ，いかにして有効な統合をなしとげていくかにあるともいえる」(15) と述べている。

(3) 自治と統治　では，結局のところ，自治は統治に従属せざるをえないのだろうか。実はそうではない。我々がこの議論から学ぶべき論点は，〈自治には必ず統治が伴う〉ということである。まずは，この著作における「自治」が純粋な理念として提示されていることに注意しよう。そして我々が問題にしている「自治」は，現実において何らかの統合を生み出している点で，理念としての「統治」をそこに含む，〈現実的な自治〉なのである。

換言すれば，理念としての自治は，極めて少人数の集団においてなら，ほぼ完全に実現可能だといえる。この集団の規模が大きくなるにつれ，純粋な自治は不可能となり，統治が不可避的に導入されることになる。そして国家のような規模の集団では，統治が中心となり，自治は補完的なものとならざるをえない（もちろん，小規模集団の自治からはじめて，それでは実現できないことを，より大きな集団に補完させるという論理で，統治こそが自治を補完するものだという考え方もある)。我々が問題とするのは，様々な規模の集団において，現実的な役割を果たす自治の機能であり，決して純粋な理念としての，〈ユートピア的な自治〉ではない。

自治には統治が伴うということの自覚は，自治の英語が self-government であること，つまり，自己の統治であることの確認となる。自治を純粋な理念として自発的な結社として思念するとき，この統治の要素が忘却されてしまう。そうした忘却が，しばしば自治のリーダーの独善化を生み，自治を解体させてしまう原因となる。そして自治の中に統治があるということは，自治も権力を伴うことを示している。J.S. ミルが自治とは「各人による自分自身の統治ではない。それぞれの人を統治するのは，本人以外の全員ということなのである」（ミル 2020：16）と述べながら，民主主義社会における多数の暴政を指摘したことを忘れてはならない。

(4) 自治と正当性　本章が以上のように自治と統治のあいだにある関係性をみてきたのは，我々が「自治」という営みに関してつねに自覚的な仕方で批判的になる必要があることを示したかったからである。つまり，市民自治の追求にも，それに対する客観的な反省を欠くなら，参加者の思わくとは異なった方向に進んでしまう危険性があるのだ。自発性という形式が担保されていても，それによって生み出される統治の内容の理解と正当化を欠くならば，それは理想としての市民自治を現実化したことにはならない。そして，このような反省こそが，この節の冒頭で上げた自治の問題に応える条件となる。

つまり第１に，自治が生み出す統治の内容と正当性を批判的に吟味することは，自治が動員に転化する危険性への防御となる。そして第２に，こうした吟味は，エゴイズム批判への対抗の根拠となりうる。自治に伴う統治の批判的吟味は，自治団体の対内的には，その構成員間での自治の理解と正当化をうながし，対外的には，自治の公共的な正当化の可能性を開く。ここでは，公共的な正当化が特に重要である。自治に参加する人々がこのような正当化に従事することは，自らの行為の意味への反省をうながす。これは，私的な利益を公共的な利益につなげる可能性を生む。そして公共的な正当性の確立は，自分たちの自治に向けられた外部からの批判に対する再批判の根拠となる。もちろん，このような正当性はつねに挑戦にさらされる可能性がある。そしてこの挑戦は，対内的にはさらなる自己吟味を要求し，対外的には，国家統治への異議申し立て機能を発揮する機会を生む。

自治の公共的な正当化は，基本的には確立されたルール（主として法律）の遵守によってなされる。松下がいう先駆自治体や，高畠や石田が評価する市民運動は，法律の積極的な活用によって，自己の統治を追求していた。ルールとはある意味では制約であるが，解釈次第では新たな活動の正当化に利用できる。しかしながら市民自治は，このような合法性の制約を超える可能性をもっている。つまり，それが解決しようとしている問題の客観的で正当化可能な理解を示すという方法を使って，民主的な公共性の原理に訴えることで，ルールそのものの改変に挑戦することができる。その場合最も重要なのは世論（公論）への訴えであろう。特に，グローバル化が進んだ現代においては，市民自治の運動はグローバルな世論に直接訴えることで，自らの訴えの民主的公共性を正当化することもできる。例えば2011年の東日本大震災において，南相馬市長が，動画投稿サイト YouTube を通じて世界に自らの地域の窮状を訴えたように，地方自治が国家統治を飛び越えてグローバルな世論に訴える回路は開かれている。

4. 批判的市民自治に向けて

市民自治の批判的な反省の必要性は，社会科学の重要性を我々に確信させる。たしかに市民自治にとって最も重要なのは，市民の実際的参加という実践である。いわば，〈考える〉よりは〈行う〉ことの方が重要だといえる。あらかじめ考えてから行為に移るのは，あまり実践的だとは思えない。しかしながら批判的反省の欠如という危険性は，既に示した通りである。そして社会科学を利用した市民自治の客観的な反省が，市民自治そのものに資することを示すのが，本書の役割だといえる。

最後に実践と学問の関係性について，一般的な洞察を示しておこう。かつては学問を学ぶ学校教育は若者の時期に完了し，その後は社会における実践に参与するというのが，教育の在り方であった。現代においては，放送大学のような生涯学習機関の存在が示しているように，学問を学ぶ機会は，人が社会に出て実践に参与したあとにも必要とされるようになった。学問と実践の関係性は，現代においては，いわばミルフィーユのような多層的な構造をなしている。つまり，実践に従事した者が学問を学び，再び実践へと回帰するという過程が反復されていくことが，現実への対応として要求されてきているのである。

市民自治という実践は，それへの参与そのものが学習・訓練の要素をもつが，それを批判的に反省するためには，社会科学の学習が必要となる。たしかに，かつて松下圭一は，日本における市民の成熟をもって，成人市民が教育行政の対象となることの問題性を指摘し，「社会教育の終焉（しゅうえん）」を唱えていた。しかしながらそれは，学習そのものの否定ではなく，市民が自ら自由に学習することで市民文化を発展させるための主張であった（松下 2003）。本書が提供する社会科学も，そのような自由な学習に資することで，学問と実践の融合を目指すものである。そして実践と学問の融合は，実践と学問の両方に貢献を生むと考えることができる。市民自治は社会科学を必要とし，社会科学は市民自治を必要とするといえるであろう。

参考文献

有賀弘，阿部齊，斎藤眞 1994『政治　個人と統合』第２版，東京大学出版会（初版は1967年）。

石田雄 1998『一語の辞典　自治』三省堂。

植村邦彦 2010『市民社会とは何か　基本概念の系譜』平凡社（平凡社新書）。

ウォルツァー，マイケル 2012『政治的に考える――マイケル・ウォルツァー論集』萩原能久，齋藤純一監訳，風行社。

エーレンベルク，ジョン 2001『市民社会論　歴史的・批判的考察』吉田傑俊監訳，青木書店。

齋藤純一 2000年『公共性』岩波書店。

ハーバーマス，ユルゲン 1994『公共性の構造転換』第２版，細谷貞雄，山田正行訳，未来社。

松下圭一 2003『社会教育の終焉』新版，公人の友社（初版は1986年）。

ミル，J.S. 2020『自由論』関口正司訳，岩波書店（岩波文庫）。

学習課題

1．市民社会概念の第１期から第３期までを整理・要約し，「自治的市民社会概念」の現代的な意義を，前章の議論と合わせて考えてみよう。

2．「自治」と「統治」の意味を対比的に整理し，「自治には必ず統治が伴う」という文の意味を考えてみよう。

3．批判的市民自治が，社会科学の学習を必要とする理由について，考えてみよう。

3　市民自治の思考法 I

山岡　龍一

《目標＆ポイント》 本章では，市民自治を考察に入れながら，学問と実践の関係性を考える。ウェーバーの学問論と政治論を題材に，学問と実践各々の独自性と，両者の関連性を同時に検討する。市民自治と学問との関係性を，知識と意志の双方の観点から考えたうえで，現代社会において専門知が果たす役割を考察し，市民自治における合意形成の重要性を理解する。
《キーワード》 主知主義，主意主義，専門化，神々の闘争，価値自由，心情倫理，責任倫理，社会的承認，専門知，合意形成

本章と次章は，市民自治との関連で学問的思考をとりあげる。前章で示したように，市民自治の追求は社会科学を必要とし，社会科学は市民自治の経験によって発展できる。これは，市民自治の追求に，社会科学が絶対に不可欠だという意味ではない。社会科学は学問であり，市民自治は実践である。その意味で両者は性質が異なる。市民自治という実践に，学問としての社会科学が有益な貢献ができる，というのが本書の主張である。この主張を明確化するために，学問と実践の関係性について本章は検討する。

1．市民自治と主知主義

(1) 学問と実践　そもそも，学問が実践にいかにして貢献できるのかは，自明ではない。学問は知識の一種であり，あらゆる活動にとって，知識が有用であることはたしかである。聖書の「真理はあなたたちを自

由にする」（ヨハネによる福音書8：32）という言葉は，真理を知ることで人の活動が自由になる，という仕方で解釈されることが多かった。しかしながら，これとは異なる解釈がありうる。人間の活動において知識の役割を重視する立場は，主知主義（intellectualism）と呼ばれる。これと対照的なのが，知識ではなく意志を重視する立場で，主意主義（voluntarism）と呼ばれる。主知主義を代表する思想家がソクラテスであり，人が善きことをなすためには，〈善とは何か〉に関する知識が不可欠だと主張した。主意主義を代表するのがキリスト教の教えであり，たとえ善の知識があっても，善を意志することなしに，人は善行をなすことができない点が強調される。したがって後者の立場で解釈するなら，「真理はあなたたちを自由にする」というのは，〈真理（つまり神）を意志する（つまり信仰する）ことで人は自由になれる〉ということを意味することになる。

一般に社会の民主化が進行すると，主知主義が弱まる傾向性がある。なぜなら主知主義が，しばしばエリート主義と結びつくからである。そして民主主義社会は大衆文化を育み，こうした大衆文化は，支配階層（エスタブリッシュメント）のハイ・カルチャーと対立することがある。アメリカの歴史家ホーフスタッターは，アメリカという民主主義社会に，反知性主義（anti-intellectualism）と呼べる傾向性があることを指摘していた（ホーフスタッター 2003）。このことは，アメリカに市民社会の文化が開花していたことを考えると興味ぶかい。市民社会の特徴の一つは，すでに見てきたように，それが自発的（voluntary）である点に求められる。つまり，市民社会の本質は意志だともいえるのである。では，市民自治の実践にとって重要なのは，意志であって知識ではない，といえるのだろうか。

(2) 市民自治と学問的知識　主意主義と主知主義という概念は，あくまでも純粋な理念であり，現実はこれらの混合であることはいうまでもない。市民自治のような実践が，自発性という意志をその本質とするとしても，それが主意主義につきるわけではない。意志というのは，それ自体では空虚であり，何らかの知識にとって照らされねばならない。そこで問われるべきなのは，それがどのような種類の知識であるか，そしてそれが学問的知識なのか，ということである。

この問いを検討するために，ここで二つの著作をとりあげたい。両者とも，社会科学の権威マックス・ウェーバーによって書かれた。それは，大学における学問を論じた『職業としての学問』（1919年）と，政治家のあるべき姿を論じた『職業としての政治』（1919年）である。前者は学問，後者は実践を論じているのだから，我々は両者を同時に検討することで，学問と実践の関係性についての洞察を探求できるであろう。

2．学問の倫理

(1) 学問の限界　『職業としての学問』は，1917年にウェーバーによってなされた公開講演の記録である。その背景にあったのが，第一次世界大戦の最中におけるドイツの経済・社会的混乱という危機状況の中で，学問や宗教に救済を求めたり，預言者や指導者の出現を待望したりするような雰囲気が，熱狂主義的なかたちで学生のあいだに蔓延したという事実であった。ウェーバーはこれに対して，学問の限界と可能性を冷静に示すことで，職業としての学問の倫理を明らかにしようとしている。

学問を職業とする者の心構えを論じる際にウェーバーは，現代において学問はただ専門化を進めることによってのみ可能になる，と主張する。狭い専門の問題に専心し，些細に見えるような作業に没頭できるような，学問そのものに対する情熱がなければ，学者としての本分を発揮することはできない。学問を使って自分の名を売ろうとする者，自分は単なる専門家ではないとして，自らの「体験」を前面に出すような人物は，ウェーバーによれば学問に向いていない。そして学問に専心する者は，自らの成果が常に誰かによって乗り越えられることを当然とし，学問の発展によって自らの仕事がとるに足らないものとなることを希望しさえするのだ，と語っている。

(2) 学問の価値　では，学問の意義はどこにあるのか。ウェーバーによれば，究極的には学問は「それ自身のために」ある。では，学問が学問以外のものに，例えば我々の実践に提供できるものは何なのか。もしも，ウェーバーがいうように近代社会は脱魔術化された社会，つまり，宗教や呪術によって人が自らの生の価値を得ることのない社会で，世界に関する経験的な説明をする科学が知的に最も支配的な社会であるとするなら，学問が我々に提供できるのは技術的な知識のみなのだろうか。学問の価値に関してウェーバーは，トルストイの言葉を引用しながら率直に意見を述べている。「それは無意味な存在である，なぜならそれはわれわれにとって最も大切な問題，すなわちわれわれは何をなすべきか，いかにわれわれは生きるべきか，にたいしてなにごとをも答えないからである」(ウェーバー 1980a：42-43)。

ウェーバーによれば，〈何が価値あるものなのか〉という問いの答は学問の前提であり，学問の論証の対象ではない。例えば政策に関して，彼はそれが教室で取り上げられるべきものではないと主張する。政策は何らかの実質的な価値の実現を目指すものであるが，政策の善し悪しを絶対的な仕方で判断することを，学問はすべきではない。もちろん，特定の政策に関する相対的な判断はできる。つまり，ある特定の条件下で，ある特定の政策が，ある特定の価値を実現できるか否かを論じることは可能なのである。しかしながらどのような政策が望ましいかを，少なくとも大学の教室のような学問教育の場において，議論すべきではないとウェーバーは主張する。というのも彼によれば「実践的政策的な立場設定と，政治組織や政党の立場に関する学問的分析とは，まったく別のことだからである」(48)。

(3) 学問と実践　では，学問は我々の実践に寄与することがないのであろうか。ウェーバーによれば，学問は少なくとも三つの仕方で実践に貢献することができる。第１に，学問は我々の実践における予測可能性を高めることができる。学問は我々に法則的な知識を与えることで，事物や他人の行為を予測によって支配できる力を強化する。この点で学問は，人間が世界を支配する際に使用される技術の一種だといえる。第２に，学問は我々の思考力を高める。つまり思考の道具を与え，思考の訓練をすることで，学問は我々が論理を展開し，論証をすることを可能にする。第３に学問は，我々の実践そのものを明晰化する。学問を使って我々は，自らの実践そのものを分析できるようになる。つまり，自分が何を目的とし，その達成のためにどのような手段を採用しているのかを，明晰な仕方で反省することに，学問が貢献できるのである。

(4) 神々の闘争　ウェーバーは特に，第３の貢献を重視している。なぜなら実践における目的と手段の明確化は，それらが衝突する可能性も明らかにするからである。両者が衝突する場合，つねに目的が優先されるとは限らない。冷静な分析は，特定の手段を採用するコストの自覚から，そのような手段を必要とする目的そのものの批判に向かうかもしれない。そして目的と手段の衝突可能性は，次のような重大な事実をあらわにしている。つまり，この世界は単一の価値で支配されているのではなく，多数の価値が併存し，競合しているという事実である。ウェーバーはこの事実を，神々の闘争として捉えていた。つまり，各人の目的の自覚は，実践における各人の責任の自覚となる。各人はそれぞれが価値ありとするものに仕え，努力する。そしてその結果に関しては，その目的に関連して，各人は責任を負わねばならない。こうした責任感を表すためにウェーバーは，多元的な諸価値を神々と呼んでいた。

このような価値状況の自覚に学問は貢献するとウェーバーは考えた。例えばウェーバーは，学問の重要な役割は学問にたずさわる者に，自分にとって都合の悪い事実を承認させることにあると述べている。実践に参加する者は，何らかの党派的な立場をとらざるをえない。党派性は，しばしばイデオロギーとして機能し，自らの党派にとって都合の悪い事実を隠蔽する。学問はこうしたイデオロギーを超えて事実を客観的に示すことで，この世界にある諸価値の衝突をあらわにする。ウェーバーによれば，この衝突を学問によって解決することはできない。「われわれの生活の究極の依りどころとなりうべき立場は，こんにちすべてたがいに調停しがたくまた解決しがたくあい争っているということ，したがってわれわれは，当然これらの立場のいずれかを選定すべく余儀なくされているということ」が，「根本の事実」(64) だというのである。

3. 政治の倫理

(1) 価値自由と政治的実践　学問は政治的実践ではないとするウェーバーの立場は，「価値自由 Wertfreiheit」という言葉で表される。社会科学が学問としての客観性を確保するためには，価値判断から自由でなければならない，とウェーバーは主張する。しかしながらそれは，完全に価値観を排除した，中立的な社会科学が可能だという意味ではない。ウェーバーは同時に，「価値連関 Wertbeziehung」という概念を提示し，学者であっても，その認識（問題設定や観察方法）に特定の価値観が不可避的に影響を与えていることを指摘している。したがって「価値自由」とは，そのような認識の事実に根ざした倫理的な要請であり，知的な禁欲の必要性の主張であった（ウェーバー 1998；安藤 1965）。

学者に対するこのような倫理を提示する著作が『職業としての学問』だとすれば，『職業としての政治』は，政治家に要求されるべき倫理を提示している。ここで，市民自治を論じる本書において，『職業としての政治』を取り上げることに疑問を呈する人がいるかもしれない。なぜならウェーバーはここで政治を「権力の分け前にあずかり，権力の配分関係に影響を及ぼそうとする努力」（ウェーバー 1980b：10）と規定し，自らの主題を国家の統治に限定しているからである (8)。要するにウェーバーは権力政治観を奉じており，政治を《自治》ではなく《統治》，つまり支配－被支配関係として論じている。したがって政治を可能にするものとして彼が重視するのは，物理的な暴力装置と，被治者が服従をする内面的な根拠としての正当性であった。

では，なぜこの著作を検討するのか。社会科学を究めた人物の手による二つの著作を同時に検討することにより，学問と（政治的）実践の関係に関する，反省を経た洞察を我々は学ぶことができる，というのがここでの目論見である。実際，この二つの著作は一個の体系的な統一をもつものとして把握されるべきだという有力な解釈が存在している（シュルフター 1987：17）。

(2) 価値多元性と政治家の資質　『職業としての政治』は1919年になされた，第一次世界大戦におけるドイツの敗戦という危機的状況下での講演である。この点で『職業としての学問』と同様の文脈において理解することができる。つまりこれは，実践的な救済を待望する聴衆に対して，学者としての冷静な判断を，情熱的な禁欲をもって語る講演なのであった。そこで提示されている世界観も共通である。つまり，ここでもウェーバーは神々の闘争をいい，現代社会は多元的な価値が競合し，その中で各人は自らの仕事に専心せざるをえない，と主張している。このような世界観は，我々にも共有可能なものであろう。我々が住む現代社会でも，多数の互いに相容れない価値が同時に存在しており，このような価値の衝突のなかで我々は選択をせざるをえないと，いうことができるからである。

価値の多元主義という条件下で，ウェーバーが政治家に求める資質とはどのようなものであるか。彼はまず第1に，政治家という職業に不可避的に伴うものが「権力感情」だとする。権力を行使しているという高揚感こそが，政治家を政治家たらしめている感情だとされた。ウェーバーは，このような感情に支配されるからこそ，政治家には特殊な資質が必要だと主張している。それは，「情熱」「責任感」そして「判断力」である。

つまり，政治家は自らの仕事に情熱的に献身することができなければならない。そしてこうした情熱は，自らの仕事への責任感を惹き起こす。そしてその責任を成就するために，政治家には優れた判断力が，つまり「精神を集中して冷静さを失わず，現実をあるがままに受けとめる能力」が不可欠となる。ウェーバーによれば「燃える情熱と冷静な判断力の二つを，どうしたら一つの魂の中でしっかりと結びつけることができるか」（ウェーバー 1980b：78）ということが重要な課題なのである。

（3）心情倫理と責任倫理　この情熱と判断力に対応する仕方で，ウェーバーは二つの倫理観を提示する。「心情倫理 Gesinnungsethik」と「責任倫理 Verantwortungsethik」である。心情倫理とは，聖書の福音のような絶対的倫理を意味する。それは，純粋な動機の正しさと行為の誠実性を要求し，行為の結果を第一義的には重要視しない。信仰に基づいて行為する者は，その結果を神に委ねる。それに対して，予見可能な結果に対して責任を負うべきだと要求するのが責任倫理である。責任倫理に従う者は，「人間の平均的な欠陥のあれこれを計算に入れ」て行為し，「自分の行為の結果が前もって予見できた以上，その責任を他人に転嫁することはできないと考える」(90)。心情倫理は，行為（選択）そのものの正しさを問題にするという点で，義務論（deontology）ないし直観主義（intuitionism）と呼ぶことができ，他方責任倫理は，行為（選択）の結果を問題にするという点で，目的論（teleology）ないし帰結主義（consequentialism）と呼ぶことができる。

政治の本質に暴力ないしは権力をみるウェーバーは，責任倫理を重視する。善い目的を達成するために，人はしばしば「道徳的にいかがわしい手段」を用いざるをえない。それにもかかわらず，倫理的に善い目的が，倫理的に危険な手段と副作用を，どの程度まで正当化できるかを，あらかじめ知ることはできない。もし人が心情倫理のみに従うなら，こうした問題のある手段は拒否せざるをえないであろう。その意味で，心情倫理家は，政治的行為ができない。他方，責任倫理が要求するのは，目的と手段のあいだにある緊張関係を耐えることである。両者に関する冷静な分析に基づいて，人は選択をしなければならない。ただし，つねに目的が手段を正当化できるわけではない。なぜならすべてのことが予見可能なわけではないからである。さらにいえば価値の多元化した社会では，複数の目的がそれ自体で対立しているのであり，いかなるものであれ何かの選択は，ほかの何かを犠牲にせざるをえない。そのような犠牲に対して，政治家は責任を負わねばならないと，ウェーバーは主張する。

心情倫理と権力が結びつくとき，それはときとして結果を考慮しない決断，つまり無根拠の暴力にいきつく。ウェーバーによれば政治における暴力は，「悪魔の力」と結びついている。結果を考慮しない政治は，この悪魔の力に無自覚なのであり，「もし行為者にこれが見抜けないなら，その行為だけでなく，内面的には行為者自身の上にも，当人を無惨に滅ぼしてしまうような結果を招いてしまう」(101)。それにもかかわらずウェーバーは，政治家に心情倫理が必要であることを主張している。ウェーバーは，結果責任をぎりぎりまで遂行した「成熟した人間」が「私としてはこうするよりほかない。私はここに踏み止まる」と言うとき，「計り知れない感動をうける」と率直に述べている。そして「心情倫理と責任倫理は絶対的な対立ではなく，むしろ両々相俟(あいま)って『政治への天職』をもちうる真の人間をつくり出す」(103) と主張する。

ここには，ドイツの危機に鼓舞されながら，大衆と官僚を指導できるカリスマ的な指導者を待望する，ウェーバーの英雄主義が現れているといえるであろう。そのような時代的な制約を超えて，我々がこの著作から学ぶべきことは何であろうか。

4. 市民自治における学問と実践

(1) 責任倫理と学問的知識　政治という実践においてウェーバーが，責任倫理を重要視したことはたしかである。そしてその場合に不可欠なのが，結果に関する予測可能性であった。この点で，学問と実践が深く結びつく。たしかに学問は，実践に直接奉仕するものではない。学問は実践的な価値から自由でなければならない。しかしながら実践にたずさわる者は，学問的知識を利用することで，結果責任を負うことができる。逆にいうなら，実践家が知識を無視するなら，それだけ無責任な行為をすることになる。そして無責任な行為は究極的には，心情倫理の独善に陥り，無根拠な暴力へと転化してしまうであろう。

ウェーバーが指摘したように学問は，実践における目的と手段の両者を明晰化し，我々が実践的行為をするとき，実際にいかなる選択をしているのかを明確化する。言い換えるなら，学問によって我々は，実践を目的－手段関係という観点から，その合理性を問うことができるようになる。しかしながらウェーバーが，責任倫理だけでなく心情倫理の必要性も述べているように，学問による実践への貢献には限界がある。つまり，合理的な認識を超えたものが，実践の遂行には必要だというのである。

例えばウェーバーは，大衆化と官僚制が発達した現代社会における，デマゴーグの重要性を認める。デマゴーグは一般に，大衆扇動家として理解され，民主政を危機に陥れる者という否定的なイメージで語られる存在である。しかしながらウェーバーは，アテナイの指導的な政治家だったペリクレスの例をだし，カリスマ（人間的魅力）とレトリック（言語による説得）によって指導力を発揮する政治家を肯定する。つまり政治家は，自己の課題つまり仕事を，社会的に承認させなければならない（シュルフター 1987：49）。このようなタイプの政治家を産出する職業としてウェーバーは，弁護士とジャーナリストをあげているが，学者はそこに含まれてない。これは，少なくともウェーバーが，学問と実践のあいだにある距離を，真剣に考えていたことを示唆している。

(2) 市民自治と政治　以上のような洞察を，市民自治の探求に導入するとき，何がわかるだろうか。学問と実践の関係性に関する考え方は，基本的に《統治》と《自治》に関係なく，大いに参考になるといえるだろう。前章に示したように，自治は必ず何らかの統治を伴うのであり，その意味で，学問による実践の明晰化は，自治の中にある目的‐手段関係の明確化に資する。そしてそのような明確化は，責任のある自治を可能にする。

もちろんこのことは，自治の意義が，何らかの目的達成という帰結主義的なものにつきることを意味しない。自治への市民の参加には，それ自体の意義がある。これは，参加が義務だという意味ではない。参加を通じた，人間の陶冶形成がある，ということが重要なのである。私人としての個人が，自治に参加することで，公共的な問題を実際に理解し，それを自分の問題として自覚するとき，その人は市民になることになる。トクヴィルが「自由な人民の力が住まうのは地域共同体の中なのである。地域自治の制度が自由にとってもつ意味は，学問に対する小学校のそれに当たる」（トクヴィル 2005：97）と述べたように，自治への参加はそれ自体において自由としての価値をもつ。しかしながらそれは，結果を考慮しなくてもよい，という意味ではない。市民自治もある種の政治である限り，責任倫理から免れるべきではない。

ウェーバーにおけるデマゴーグの評価も，再考に値する。大衆や官僚を説得して，つまり直接暴力に訴えることなく動かすという能力は，市民自治にたずさわる者にも必要である。つまり，自らの実践に社会的な承認をとりつけるような技術や，その知識が必要なのである。このような傾向は，民主主義的価値への承認が強まり，コミュニケーション技術が発達した現代においては，ウェーバーの時代よりも強まっている。そして社会的な承認をとりつけるために必要な技術や知識は，ウェーバーが論じているような厳格な意味での学問とは異なるかもしれないが，今日では社会科学の主題にもなっている。本書でも，以下に続く様々な章のなかで，こうした技術や知識がとりあげられる。

5. 専門知と市民自治

（1）現代社会と専門知　学問と実践，とりわけ市民自治という実践のあいだにある，緊張を含んだ関係性をさらに考察するために，「専門知」という概念を検討しておこう。ウェーバーは，学問の専門化を不可避のものと捉えていたが，この傾向は現代においてもますます強まっている。政策決定と専門的知識の関係を論じる際，政治学者の河野勝は，世界の複雑性つまり予測困難性が高まっている現代において，官僚や政治家が所有している知識だけでは，適切な政策形成が困難になっていることを指摘している（河野 2009）。したがって様々な専門領域で蓄積された知識が，政策に反映されなければならない。

河野は，「①過去の政策をそのまま踏襲する場合，②新しい政策を立案し実施する場合，そして③政治システムを構築したり維持したりする場合」（10）に分けて，知識と政策の関係を類型化している。①の場合，現代のように社会の変化が激しい時代では，そのことで生じる不確実性を削減するために，専門的知識は政策の効果を予測することで，現行の政策を正当化することができる。②の場合，政策の変更がもつ効果を他の政策立案者や国民に対して説明するという，アカウンタビリティを新たな政策提言者が果たす際に，専門的知識が利用される。③の場合は，特殊で抽象的な理念，例えば「権力分立」，「代表性」や「公平性」といったものに訴えることが不可避であり，こうした理念を扱うのも専門的知識だとされる。

河野はさらに，「専門的知識」を「現場知」と「専門知」に分ける。現場知は「専門家集団がその職業を遂行するにあたって独占的にもっている知識」（19）であり，例えば医師や官僚，林業従事者等，どんな職業であれ，特定の現場で実際に作業することで排他的に獲得し，蓄積することのできる知識を指す。河野は，こうした知識が複雑化する社会において重要な役割をもつことを認めながらも，それがもつ特殊性という属性が，とりわけ特殊利害との結びつきという点において，現場知を政策に導入する際の妨げとなると論じている。

他方，専門知は「専門的状況の中で見出される個別の事象を，その外部効果までふくめて総体的にとらえることのできる知識」（20）と定義されている。これは河野によるいささか特殊な定義なので若干の説明が必要であろう。ここでいう専門知とは，第1に，具体的問題をめぐって得られる「現場知」を含む様々な特殊的知見を超えて，全体的な視点をとるという意味で総合性をもつ。第2に，狭い専門性を超えた同調者を獲得することができるような知識の一般性と，他者への説明可能性を備えているという点で，公開性をもつ。第3に，当該の問題が他の現象とどのような因果関係をもっているかを示すことができるような科学性をもつ。河野によれば，こうした総合性・公開性・科学性をもった専門知は，政策の立案や政治的決定の過程において，より大きな影響力をもつ可能性がある。したがって現場知も，それが専門知へと転化されることで，政策への影響力をもつことができると，河野は主張している（20-24）。

以上の洞察を市民自治の観点に導入するとどうなるだろうか。市民自治の強みは，具体的な問題に直面している人々が，市民としてその問題に取り組むという現場性にあるといえる。そして市民とは，一般的な人々であり，その中には様々な専門家も含まれる。したがって現場知としての専門的知識を構築することは比較的容易かもしれない（ただし，市民としての活動はしばしば継続性が担保されていないので，職業的知識としての現場知とは性質が異なる可能性がある）。すると課題は，市民としての現場知を，いかにして専門知に転化するかである。そのためには市民が，社会科学にとどまらない科学そのものを学習し，少なくともそのリテラシーを高める必要がある。そして市民自治にたずさわる人々が，様々な専門領域の専門家と，適切なコミュニケーションをとれるようにならなければならない。

(2) 専門知と地域社会　この点を考察するうえで，行政学者の打越綾子の研究が参考になる（打越 2009）。打越は，地域社会の政治と専門知の関係を，環境保全活動，とりわけ野生動物保護管理という事例を通じて考察している。この研究が有意義なのは，過疎化が進むような地域社会では，環境保護といった問題をめぐって，科学的知見に訴える専門家と，現場での生活の要求に訴える地域住民のあいだに，利害関心の対立が生じる可能性が高いからであり，それにもかかわらず，専門知と地域の自治とがいかにしたら協力関係になれるのかを探求しているからである。

専門知ということで打越は，主として自然科学系の専門的な学問的知識を指している。しかしながら野生動物保護管理のような具体的な問題に取り組むためには，狭い学問的専門性を超えて，獣医学，生態学，林学，森林科学の知見を総合する「野生動物学」が必要なことを確認している。こうした知見が，大学や行政組織，省庁の外郭団体等に，さらにはNPOのような民間団体に蓄積されていると打越は指摘する。問題は，専門知をどのようにしたら地域社会の実践に導入できるのか，である。なぜならこうした専門知は，地域社会で生活している人々にすれば，いわば〈よそ者の知識〉であり，彼らの生活を錯乱させる〈押しつけの知識〉と捉えられる危険性があるからである。

(3) 地域社会内での諸関係と専門知　打越は近年の科学技術ガバナンス論を参照しながら，地域社会に専門知が導入される際に，三つのアクターが存在することを重視する。つまり，①一般市民，②公的主体，③専門家である。第1に打越は，一般市民，つまり地域住民こそが，地域の問題を解決する際の主役であることを強調する。地域住民は「最終的には自治という観点から責任を有する」(190)。しかししばしば地域住民には，問題解決のための人材や専門知が不足しており，問題に関する立場も一枚岩ではない。第2に，地方自治体，特に町村役場の行政部局は，公的主体として地域の問題に「中立的に」対応しなければならないとされる。しかしながら公的な中立性を維持するために，自治体の対応はしばしば迅速性を欠き，また専門知という点でも，自治体が地域住民より格段の優位性をもっているわけではない。第３に，地域問題の解決に寄与するものとして，地域に参入する専門家がいる。「特定の分野に関する専門知，熱意と信念をもっている」ことが専門家の強みである。しかしながら「専門家の弱みは，地域におけるネットワークの欠如にある。また，特定の分野のみの専門知しか有していないため，地域の個別的な課題に対応することはできても，地域全体の普及啓発や住民からの信頼獲得に関しては立場が弱い」(191)。

以上の三者の関係構築の仕方が，専門知の適切な導入には不可欠だと打越は主張している。興味深いのは，公的主体と一般市民の関係が，「行政が主体，住民が客体」という，《統治》の意識で理解されているとき，専門家の貢献が困難になるという指摘である。このような《統治》モデルの下では，住民は問題解決を地元の行政担当者に任せてしまい，よそ者の専門家に任せるという発想が生みにくい。打越によれば「行政に依存する地域では，地域内の問題を解決する自力を持つコミュニティが成長しない」(192)。その結果，地域の問題について住民同士が議論をする機会が減り，消極的な仕方で一枚岩的な利害関心が生まれてくる。こうした意識は，「異質なものを排除する気風」を生み，専門家のような外部の声を排除する傾向を強める。

同様に《統治》モデルの下では，行政当局者も専門家を受け入れにくくなると打越は指摘している。行政のみが地域問題の解決に責任があるとされているところでは，「行政担当者は，専門家の活動に対して，費用対効果による０％の不要論か，逆に100％の依存状態で接することになる」(193)。このような条件で，専門家が安定的，持続的に，地域の問題に関わることは困難になると打越は述べている。「つまり，地域社会の問題を解決するにあたり，行政＝主体，住民＝客体という構図が固定化され，住民同士の間の多様性や，行政組織以外の活動主体の存在が認められないままでは，専門家が適切に参入することができない」(194)。

(4) 専門知の活用と市民自治　以上のことから，専門知が活用されるために，我々が問題としている市民自治が必要だといえるであろう。打越によれば，よそ者である専門家が受け入れられるためには，地域住民のあいだで活発な意見の交換があり，利害関心が消極的な意味で一枚岩的でないことが必要だとされる。そして地域住民が市民として積極的に問題に取り組んでいるところで，専門家がその市民自身による解決を支援するというスタイルが，望ましいと打越は主張している。専門家が目指すべきことは「地域住民自らが問題の発見，調査，解決策の考案をするプロセスに，専門家として参加し，気づきを促し，調査能力を高め，地域の『学習システム』の構築を支援すること」(196) なのである。そしてときとして（つまり例外的に）専門家は，学者としての対象からの距離感を取り払い，地域の市民と一体化して活動することも必要となる，と打越は主張する。

以上のような問題解決のプロセスを軌道に乗せるために必要なこととして，打越が一般論として主張していることは，合意形成の必要性である。打越は自らの主題である野生動物の保護管理に関して，次のように述べている。

> 我が国のように狭い国土では，野生動物と人間が隣り合わせに暮らしており，野生動物の生息域の取り扱いに関しては，人間社会における合意（地域社会における行政・専門家・住民の合意）がなければ，統一的かつ有効な対応策をとることができない。そのため，野生動物学の専門知が発揮されるためには，地域住民の理解や協力が本質的には不可欠である。(199)

これも，市民自治の課題であるといえよう。《統治》のような〈上から〉の秩序形成ではなく，《自治》による〈下から〉の秩序形成を，市民の手によって動態的に行うことが，市民自治であるからである。

6. 再び主知主義について

最後に，本章の冒頭の議論にもどろう。市民自治にとって，知識がすべてではない。学問の知識は，本質的には学問そのもののためにある。学問的知識を実践に適用するには，つねに限界があることを意識すべきであろう。その意味で，市民自治の立場は強い意味での主知主義ではない。しかしながら，市民自治が責任ある実践をするためには，学問的知識が不可欠であることもたしかである。市民自治が単なる自己満足に終わらないためには，市民自治もまた政治の一種であることを認めなければならない。したがって，市民自治にたずさわる人々は，責任倫理を引き受け，自らの行為を公共的に正当化するように努力すべきなのである。そのために，学問的知識，とりわけ社会科学が必要になる。

すべての市民が学問を究める必要はないし，それは不可能である。市民は，多くの場合素人として問題に直面する。素人による問題の公共的な解決の営みこそ，デモクラシーだといえる。実際，素人による政治というのが，デモクラシーの原義なのである。したがって市民は統治の専門家である行政担当者や，各種の学問の専門家と協力しなければならない。その際に重要なのが，合意形成である。これは，部分的には意志の問題であるが，部分的には技術や知識の問題だといえる。いかにして合意を，実効的に，そして民主的に形成するのかに関する方法をめぐる，技術と知識が必要なのである。

市民社会が自発的結社であるとするなら，すでに確認したようにそれは究極的には主意主義，つまり意志の問題だとみなすことができる。そしてウェーバーは，政治家に責任倫理とならんで心情倫理を求めた。市民自治も，究極的には人々の意志に依存する。ただし，ウェーバーとの違いはある。ウェーバーは政治家という個人の決断に，政治的な徳を求めた。市民自治では，市民という集合体の，集合的な意志決定が問題となる。この「集合的」という論点が，次章の我々の探求課題となる。

参考文献

安藤英治 1965『マックス・ウェーバー研究――エートス問題としての方法論研究――』未来社。

ウェーバー，マックス 1980a『職業としての学問』尾高邦雄訳，岩波書店（岩波文庫）。

ウェーバー，マックス 1980b『職業としての政治』脇圭平訳，岩波書店（岩波文庫）。

ウェーバー，マックス 1998『社会科学と社会政策にかかわる認識の「客観性」』富永祐治，立野保男訳，折原浩補訳，岩波書店（岩波文庫）。

ウェーバー，マックス 2018『仕事としての学問 仕事としての政治』野口雅弘訳，講談社（講談社学術文庫）。

打越綾子 2009「地域社会における専門知発揮の条件――野生動物の保護管理を素材にして――」（久米2009に所収）。

久米郁男編 2009『専門知と政治』早稲田大学出版部。

河野勝 2009「政策・政治システムと『専門知』」（久米 2009に所収）。

シュルフター，ヴォルフガング 1984『価値自由と責任倫理　マックス・ウェーバーにおける学問と政治』住谷一彦，樋口辰雄訳，未来社。

トクヴィル 2005『アメリカのデモクラシー』第一巻（上），松本礼二訳，岩波書店（岩波文庫）。

ホーフスタッター，リチャード 2003『アメリカの反知性主義』田村哲夫訳，みすず書房。

学習課題

1．学問と実践の関係について，自分の考えをまとめてみよう。
2．マックス・ウェーバーの学問論と政治論を整理し，「価値の多元性」という主張の意味について考えてみよう。
3．専門知と実践の関係について，本章の議論をまとめてみよう。

4 市民自治の思考法Ⅱ

山岡 龍一

《目標＆ポイント》 本章では，市民自治にとっての社会科学的視座の重要性を理解する。常識にのみ素朴に依拠することの限界を理解し，社会科学的問題設定が必要な問題群を考察する。囚人のジレンマを題材に，人間の相互性を意識して社会を考察することの意義を確認し，社会的行為における相互的な期待の重要性を理解する。社会科学的な視座のあり方を考察し，市民自治にとって必要な視座の取り方を探求する。
《キーワード》 意図せざる結果，合成の誤謬，ゲーム理論，囚人のジレンマ，フリーライダー，合理的期待，規範的期待，機能的期待

前章では市民自治と学問の関係性を考察した。本章では，特に社会科学を考察の対象とする。つまり，学問の中でも他ならぬ〈社会〉を取り扱う科学を検討の対象とし，市民自治との関係をあきらかにする。市民自治にとっての学問の意義は，主として，予測可能性を高める知識と，社会的承認の獲得に必要な技術と知識の源泉であるとされていた。社会科学は他ならぬ〈社会〉の科学として，どのような特徴をもって，市民自治に貢献できるであろうか。

1．常識の限界

(1) 社会科学と常識　社会科学とは何だろうか。特に自然科学と比べた場合，その特徴はどこにあるといえるのか。自然科学，例えば物理学を学ぶとき，しばしば我々の日常的な経験に反するようなことを真理と

して受け入れることになる。例えば慣性の法則によれば，物体はいったん，ある方向に向けて動かされたなら，何ものかが障害にならない限り，同じ方向に同じ速度で運動し続ける。これは，あきらかに我々の日常的な観察に反する。もちろんこうした法則も，究極的には我々の経験である観察に基づくといえるのだが，少なくとも日常的な経験から直接引き出せるものではない。そして物理学では，原子や電子といった概念が用いられるが，こうした概念も我々の日常的な経験に対応するものではない。自然科学を学ぶとは，こうした非日常的な知識を学ぶことで，世界に関する予測可能性を高めることだといえる。

これと比べたとき，社会科学はどうだろうか。経済学や法学，社会学，政治学，経営学等が，社会科学だといえるが，こうした学問の対象物は，我々の日常生活を構成するものだといえよう。社会科学の概念も，しばしば専門的な学術用語，つまり非日常的な言葉であることもあるが，基本的には日常言語によって構成されている。したがって初学者は，しばしば社会に関する知識を集めれば，社会科学になると思ってしまう。あるいは，社会について理解することには特別な方法はいらないと考え，非方法的に社会にアプローチしたり，あるいは自然科学の方法を，そのまま社会の研究に応用したりする。

以上のような社会科学観には，それなりの合理性がある。特に，自然科学の方法を導入するというアプローチには，大いなる利点がある。ここではまず，社会科学と常識が連続的であるという，素朴な社会科学観から検討したい。

(2) 意図せざる結果　社会科学と実践という観点から考えてみよう。実践は我々の経験になり，それをそのまま蓄積し整理すれば，有益な知識が得られるといえるであろうか。例えば，社会的問題が発生したとき，それの解決は，その社会を構成し経験を積んだ諸個人の努力があれば可能になるといえるだろうか。我々はしばしば，問題の解決は各人が善いことをなすことにかかっている，というような発言を耳にする。個人の善行の集積が，善き社会をつくるといえるだろうか。

個人の行為（action）が社会を構成するといえよう。では行為とは何か。人は，何らかの意図をもって行為をする。衝動や強制によってなされた行動（behavior）（つまり身体の動きや発言）は，行為とはいえない。行為が意図したとおりにならない場合もあるし，意図そのものが間違った判断に依拠する場合もある。しかしながら，我々が何ごとかを人間の行為として理解するとき，そこには意図の存在が前提されている。そして人は，悪を意図することはできない。つまり人が意図することは，その人にとって善いことでなければならない。その人にとって悪（害）となることを，ある人が意図していると報告された場合，二つの可能性がある。つまり，我々がその悪（害）の意味を理解していないか，その人がその悪（害）の本当の意味を理解していないか，のいずれかである。つまり，あきらかに自分自身にとって悪しきことを意図するような人がいるとすれば，その人は我々が通常の意味で理解する人格をもたないといえる。

個人の行為が，意図を実現する場合，行為は成功したといえる。行為が失敗する場合は，意図そのものに問題があるか，行為に障害があったと考えることができる。そして意図の実現は，善の実現となる。では，個人の善き行為が集まれば，善き社会が生まれるのだろうか。この問いこそ，社会科学が伝統的にとりあげてきた難問の一つなのである。それはしばしば「意図せざる結果」の問題として理解されてきた。善を意図する個人の行為が，社会的に遂行された場合，必ずしも社会的な善をもたらさない，ということがしばしば指摘されてきた。

この主題を扱った古典的な著作が，マンデヴィルの『蜂の寓話』（1714

年）である。「私的な悪，公的な善」という副題をもつこの著作は，利他的な美徳ではなく，利己心や自愛心といった感情こそが，社会を実際に構成する原理であり，こうした情念が意図せざるかたちで公共の利益を生み出すことを指摘していた。この著作の影響を受けたのが，近代の経済学の始祖アダム・スミスであった。スミスの有名な「見えざる手」という言葉は，この問題を説明するために使用されていた。『国富論』（1776年）においてスミスは，国民が個人として行う経済活動が，公共の利益を実現するとしても，その場合各個人は「彼自身の儲けだけを意図している」のであり，各人は「見えない手に導かれて，彼の意図の中にまったくなかった目的を推進するようになる」（スミス 2000：303）と述べた。そして「公共の利益のために仕事をするなどと気どっている人々によって，あまり大きな利益が実現された例を私はまったく知らない」（304）と主張していた。

スミスによってその基礎が据えられた経済学は，私人の利己的な利益の追求が，どのようなメカニズムによって，公共的な利益を帰結するのかを研究する学問だといえる。つまり，個人の善の追求が，公共の善の実現に至るには，特定のメカニズムが必要なのであり，個人の善の追求が自動的に社会の善になるとは限らない，という洞察が経済学の基本にある。こうした「意図せざる結果」という洞察は他の社会科学においても共有されている。

例えば社会学者のロバート・マートンは，「予言の自己成就」という概念で，意図せざる結果といえる現象を説明した（マートン 1961）。その事例の一つが銀行のとりつけ騒ぎであり，実際は銀行の資産が不健全でなくても，一定以上の人々が資産状況に不安を抱いたため，自らの預金を守るために預金の引き出しにかかると，それが原因となって多くの人々が預金の引き出しに殺到し，本当に銀行の資産が破滅状況になってしまうという現象である。マートンはこの概念が示唆しているのは「世間の人々の状況規定（予言又は予測）がその状況の構成部分となり，かくしてその後における状況の発展に影響を与える」ことがあるという事実だとし，「これは人間界特有のことで，人間の手の加わらない自然界ではみられない」と論じた（384）。

(3) 合成の誤謬　個人と社会の関係の複雑性を表すもう一つの概念として，「合成の誤謬 fallacy of composition」がある。つまり，個人の性質の合成が，同じ性質の社会をつくるとは限らない，という考え方が存在する。有名な例は，個人の美徳としての倹約が，もしも国民全体に広がるなら，それは市場における消費＝需要の縮小となり，経済そのものを悪化させ，国民の生活を悪化させる，という現象である。これはミクロのレベル（例えば家計や自治体）においては利益を生む行為が，マクロのレベル（例えば国家）においては利益を減じるという事例である。もちろん，これは一定の条件下において作動するメカニズムであり，その解明が経済学，とりわけケインズ経済学の課題であった。

「合成の誤謬」のもう一つの例が，軍隊の構成である。エンゲルスは量が質に転化する例として，ナポレオンの日記から以下のような事例を引いていた。つまり，「馬に乗ることはへたでも訓練を経たフランスの騎兵隊」と，「一騎打ちでは無条件に最優秀であったが訓練されていない騎兵隊であったマメルク人〔エジプトの不正規騎兵〕」とを比較すると，「２人のマメルク兵は，３人のフランス兵よりも無条件にまさっていた。100人のマメルク兵は，100人のフランス兵に匹敵した。300人のフランス兵は，通常，300人のマメルク人よりもまさっていた。1000人のフランス兵は，毎回，1500人のマメルク兵を打ち破った」（エンゲルス 2001：184）というのである。これは，量の変化が兵力という質の変化を起こすことの説明であったが，個人として強い兵士を集めても，それが強力な軍隊になるとは限らない，という説明でもある。ここでも，メカニズムが重要である。この例では，騎馬を利用した兵の訓練と戦闘隊形というメカニズムが，フランス兵の戦闘上の優位を生んでいる。これと同様のことは，集団スポーツにおいても見られる。

「合成の誤謬」を逆さまにしたのが「分割の誤謬 fallacy of division」である。これは，社会全体に当てはまることが，その要素にも当てはまるとは限らない，という現象を指している。例えば55年体制を考えてみよう。日本では1955年から1993年にかけて，衆議院の議席における政党の割合が，自由民主党が過半数を，社会党を中心とする野党が（憲法改正を阻止するのに十分な）3分の1以上を占めるという体制が続いた。この時期，各都道府県や各市区町村の議会において，同様の比率で政党が議席を占めていたと想定するなら，それは分割の誤謬を犯していることになる。県や市区町村レベルでは，保守が優勢であったり，革新が優勢であったりするものがあり，それが全体としてみるとき，55年体制が成立していたのである。

2. 囚人のジレンマ

(1) ゲーム理論　個々の要素の性質が合成されても，その集合体の性質がその通りにならないようなメカニズムを解明することが，社会科学の重要な役割だといえる。ここでは，こうしたメカニズムの説明として特に有名な，「囚人のジレンマ」というモデルを紹介する（山岸 2000：48f.；パウンドストーン 1995)。これは，ゲーム理論と呼ばれる理論の一例である。ゲーム理論は，数学の発想を社会の説明に導入した理論の一種で，経済学にいち早く導入され，その後，他の社会科学，つまり社会学や経営学，政治学等でも採用されている。その基本的な発想は，ゲームの駒を動かすプレイヤーを想定し，そうしたプレイヤーの選択のパターンの組み合わせとして，社会をモデル化するというものであり，その際，プレイヤーの選択が合理的なものであることが前提にされている。この場合，合理性は〈選択肢の中で一番利得の高いものを必ず選択する〉ということを意味する。

これに対して，人間はつねに合理的に選択するものではない，という反論があるかもしれない。しかしながらゲーム理論は人間の実際の選択を記述しているのではなく，ある種のシミュレーションをすることで，社会のメカニズムを説明し，そのことで社会に関する予測可能性を高めることを目指している理論なのである。少なくとも，我々が社会について理解することに何らかの仕方で貢献できるなら，理論には妥当性があることになる。囚人のジレンマはゲーム理論の代表的なモデルであるが，ここで注目する理由は，個々人の合理的な選択の結果が，社会全体としての合理性を生み出さないケースを説明してくれるからである。

(2) 囚人のジレンマの寓話　囚人のジレンマの解説は通常，次のような架空の状況の説明によってはじまる。２人の人間（ここではＡとＢとする）が協働で，重大な犯罪行為をしたとしよう。警察はこの２人が犯人だと確信しているが，決定的な証拠がなく，問題の犯罪よりははるかに軽い罪で別件逮捕した。警察は自白による逮捕を目指したいので，ＡとＢを別々の部屋で尋問し，それぞれに次のような言葉で司法取引をしかける。つまり，「もしもお前が自白し，相棒が黙秘したら，お前は情状酌量で不起訴にし，相棒には厳しい刑が科されることになる。これは，当然，逆の場合もありうる」。（このような司法取引は日本では行われないし，不起訴になるのもありえない，というような常識的判断はここではいったん括弧にいれて，話の筋を追っておこう）。さて，この場合，ＡとＢの合理的な選択は何であろうか。

選択は利得の量で決まる。それを任意の仕方で決めると次のようになる。別件逮捕の罪のみの量刑は懲役１年（利得としてはマイナス１年），重犯罪の量刑は懲役８年（マイナス８年の利得），取引の結果の不起訴は当然０年，厳罰は懲役16年（マイナス16年の利得）とする。これを前提として，ＡとＢの選択を考えてみる。

各人にとって選択は自白か黙秘の二者択一である。この状況で合理的な選択をするためには，自分の相棒の選択を考慮にいれて，戦略的に選択をしなければならない。ではＡはどのような戦略的計算ができるか。Ｂが黙秘を選択すると仮定してみよう。その場合，Ａの選択肢は，《黙秘の場合：懲役１年，自白の場合：不起訴》となる。両者を比べた場合，当然Ａは自白を選択するのが合理的である。次にＢが自白を選択すると仮定してみよう。その場合，Ａの選択肢は，《黙秘の場合：懲役16年，自白の場合：懲役８年》となる。したがってＡは自白を選択するのが合理的となる。もしも以上のようにＢが黙秘を選ぼうと自白を選ぼうと，どちらの場合でもＡにとって自白が合理的であるのなら，Ａが選択すべきは自白とならざるをえない。そして，Ａの立場とＢの立場はまったく同じなのだから，Ｂにとっても合理的な選択は自白となる。したがって両者とも自白する，というのが合理的な選択となる。

		B	
		黙秘	自白
A	黙秘	−１，−１	−16，０
	自白	０，−16	−８，−８

図４－１

以上の説明を図示したのが**図４－１**である（それぞれのボックス内の，左側はＡの，右側はＢの，利得を示している）。これを利得の相対的な大きさのみに着目して書き改めたのが**図４－２**である。つまりこの例では選択肢による利得は，−16，−８，−１，０の４

A＼B	黙秘	自白
黙秘	3，3	1，4
自白	4，1	2，2

図４－２

種類なので，それぞれを単純に比較的な大きさの順に１から４で書き改めている。こうすることで**図４－２**は，囚人のジレンマの一般的な構造を表すことになる。

さて，この図を見てわかることは，ＡとＢの両者にとって，最も利得の高い数値を表しているのが左上のボックス，つまり両者が黙秘を選択したケース（黙秘－黙秘選択）だということである。なぜなら，これ以外のケースと比較した場合，黙秘－黙秘選択から他の選択ケースに変えたなら，必ずＡかＢのどちらかが利得を下げることになる。それゆえに，ＡとＢという集団（社会）にとって最も合理的な集合的な選択は，黙秘－黙秘選択であることになる（こうした利得の分配状況は，社会科学の専門用語で「パレート最適」と呼ばれる（スティグリッツ 2003：70；秋吉・伊藤・北山 2015：122））。これは，さきほどの論証の結論と異なる。つまり，ＡとＢにとって合理的な選択は，自白－自白選択である，というのが結論であった。これは何を意味しているのか。

(3) ジレンマの意味　自白－自白選択が合理的である，という結論は，あくまでも個人が個人として，他の個人の選択を考慮して最適の選択をした場合の結論であった（このような，個々のプレイヤーの最も合理的な解の総和は，専門用語で「ナッシュ均衡」と呼ばれる（ビンモア 2010：17））。囚人のジレンマが示しているのは，個人の合理性が，社会全体の合理性と異なる場合がある，ということである。各人が誠実に合理的な選択をすると，社会的に見れば不合理な結果を生み出してしまうというジレンマが，ここで説明されている。

図4－1だけを見た人は，黙秘－黙秘が選択されないことを疑問に思うかもしれない。しかしながら最初の想定では，ＡとＢは別々に尋問されているので，互いに相棒がどのような選択をするのかに関して，確実な情報をもっていない。したがって個人として戦略的選択をする際，各人は裏切りの可能性を考慮しなければならない。したがってＡもＢも自白を選択せざるをえない（このような合理的計算に基づく選択は「支配戦略」と呼ばれる）。

では，ＡとＢが協調すればよいではないか，と思うかもしれない。しかしながらＡとＢが同じような構造の中に置かれている限り，問題は解決しない。つまり，**図4－3**に示すように，選択肢が単に「黙秘」と「自白」から，「協調」と「裏切り」に変わるだけで，ジレンマは依然として残る。実は，この**図4－3**は囚人のジレンマをより一般的に表しているといえる。なぜなら，囚人のジレンマにおいて重要な要素は，他のプレイヤーの裏切りの可能性だからであり，囚人のジレンマは「裏切りのゲーム」と呼ぶこともできるからである。

A ＼ B	協調	裏切り
協調	3，3	1，4
裏切り	4，1	2，2

図4－3

(4) フリーライダー　裏切りの要素に着目すると，囚人のジレンマというモデルが社会の説明として有効なことがわかる。最初の想定では，このゲームはＡとＢという２人のあいだでの２人ゲームであった。しかし，相手の裏切りが問題でジレンマが生じるという構造さえあれば，このジレンマはより多数の人々の協働においても起こりうることになる。実際，とりわけ都市のような社会では，人々は互いに見知らぬ者同士でありながら，様々な協働行為にいそしんでいる。他者が裏切るかもしれない，というリスク計算をすることは，社会的行為をするうえで合理的なことである。

あるいは裏切りは，「ただ乗り」と理解することもできる。たとえ自分が集団全体のことを考えて選択しても，他の人がその人のみの合理性を追求して選択をした場合，自分の利得は減りながら，他者の利得が高まる場合がある。その場合，得をする他者は「フリーライダー」と呼ばれる。公共的な利益を追求しても，つねに他者にただ乗りされることがわかるようなとき，人は公共的な利益を目指す選択を非合理なものとして認知し，そのような選択をしなくなってしまう。こうした問題はフリーライダー問題とも呼ばれる。フリーライダー問題の典型例として，納税があげられる。脱税が横行してしまうと，納税への義務感が，低下してしまうと思われるが，それは脱税というただ乗り行為が許されるとき，納税が不合理に映るからである。したがって納税義務を正当化するために脱税行為は，国家によって厳しく処罰される必要がある。

囚人のジレンマは，様々な社会現象の説明に適用可能である。非常に有名なのが，国際関係論における軍縮問題である。仮に，国家同士のあいだで，戦争をすることのコストを考え，国家間での平和を構築することが集合的利益になるという理解が広まったとしても，平和構築のための手段としての軍縮が一向に進まないということがありうる。**図４－４**がこの構造を一般的な仕方で表している。

		B	
		軍縮	軍拡
A	軍縮	3，3	1，4
	軍拡	4，1	2，2

図４－４

つまり，平和構築のためには全員が軍縮をするのが最善（パレート最適）なのであるが，軍縮ではなく軍拡をすることで，自分の利得を増やす恐れのあるプレイヤーが一人でもいれば，プレイヤーはただ乗りを恐れ，軍拡を選ばざるをえなくなる（ナッシュ均衡）。もしも世界政府が樹立され，フリーライダーを罰するようなメカニズムが構築されれば，この問題は構造的に解消される。なぜならその場合，軍拡を選ぼうとするプレイヤーは，それによって得られる利得以上の損失を見込むことになり，軍拡は合理的な選択とはならないからである。もちろん，世界政府を樹立することは実現が難しいし，世界政府それ自体にも問題性がある（ミラー 2019：190f.)。囚人のジレンマを採用する利点は，平和問題の解決策を示すことというよりは，問題が生じる構造の把握に貢献することにあるといえる。

以上の例から，我々がなぜ国家政府を必要とするのか，の説明に囚人のジレンマが利用できることがわかるであろう。我々が見知らぬ他者とも協働行為ができるのは（例えば，一度も入ったことのない店で，買い物をすることができるのは)，裏切りに対する処罰の恐怖が，我々の他者への信頼を支えているからだともいえる。とはいえ，つねにそのような恐怖に依存して，我々は通常の社会的行為をしているわけではない。我々は普通，相互信頼に基づいて，様々な社会的協働を行う。しかしながらそのような信頼が，ちょっとした拍子で崩れ，ジレンマ状況が生まれるのも社会なのである。そうした状況は，競争関係に生じやすい。大型電気製品店同士の価格競争は，囚人のジレンマの一例である。商品に高めの値段をつけたほうが，売買において個々の店舗はより多くの利得が得られるからといって，すべての店が高値をつけることにはならない。他の店が自分のところより安値をつけて儲けるという戦略をとる可能性が店舗のあいだで想定できる限り，安値競争が続く可能性が高くなる。

(5) 政策的対応　囚人のジレンマをどのようにすれば回避できるのか，というのは政策学の重要テーマである。以上の議論からあきらかなことは，プレイヤーの中に裏切る者がいる可能性があるとき，囚人のジレンマが生じるということである。したがって一つの対策法は，この可能性をなくすことであるが，現実的な目標は，そのような蓋然性，つまり確率をできるだけ低くするというものである。

この目標を達成するために，様々な方策を考えることができる。すでに見てきたように，裏切りもしくはただ乗りに対する処罰のシステムを構築するという方策がある。そのほかに，何らかの方法でプレイヤーの選択そのものに影響を与える，つまり，選択の基盤となる認知に影響を与えるという方策もある。裏切りの蓋然性を低くするというのは，事実上，裏切られると**予期する**蓋然性を低くすることを意味する。これを，当該のプレイヤー相互において実現することが重要となる。

これは，言い換えるなら，信頼の醸成である。例えば人々が相互交流を繰り返すことで相互理解が深まれば，相互信頼が醸成される可能性が高まる。国際交流において，国家外交だけでなく，民間交流が重要なのは，この理由による。国家政府は，国益という硬直した利害によって選択をするため，相互不信に陥る危険性がある。民間，つまり経済・文化レベルで恒常的な関係性を確立することで，国民同士の信頼関係を高めることは，そのような相互不信により囚人のジレンマが生まれることを抑制するかもしれない。

市民自治において合意形成が重要なことも，この問題と関連する。自発的な協働関係に，不信のひびが入らないように努力することは，単なる雰囲気づくりのためだけではなく，協働行為，つまり公共的な利益の実現を円滑にするためにも必要なのである。

個人が善いと思うことの集合が，社会的な善さにならない，という現象は，一般に「社会的ジレンマ」と呼ばれる。囚人のジレンマは社会的ジレンマの代表例でもある。社会科学を学ぶことの重要性の一つが，こうした社会的ジレンマについて学ぶことにある。

3. 相互性へのまなざし

(1) 自然科学と社会科学　ここで社会科学と常識の問題に立ち返ってみよう。ここまでの議論から，社会科学と常識を素朴な仕方で連続的にみて，特別な方法を採用しないことの危険性はあきらかだと思える。では，社会科学の対象へのアプローチ方法として，自然科学の方法を使うことはどうだろうか。ゲーム理論は数学の方法の導入である（我々の考察は初歩的なものだったので数式は用いていないが，高度な問題になれば数式が必要になる）から，自然科学の方法の導入といえるだろう。自然科学の方法や知識の導入に，利点があることはたしかである。しかし，マートンが「予言の自己成就」を説明するとき，これは「人間界特有のことで，人間の手の加わらない自然界ではみられない」と述べていたことを思い出してみよう。人間社会に特有の問題とは何であろうか。ここでは，人と人のあいだでの相互性という観点から，考察してみたい。

(2) 合理的期待　囚人のジレンマを再び検討しよう。その要点は，裏切りへの不信感の存在であり，プレイヤーが他のプレイヤーにどのような期待を抱くかが問題であった。社会に生きるとは，相互的な期待のネットワークに入ることだといえよう。さて行為とは，意図をもって環境に働きかけることだといえる。この環境が自然世界，つまり物である場合，我々がどのような意図を抱き，どのようにしてその意図を実現しようと努力するかは，目的－手段関係の合理性に依存することになる。つまり単純に，どうすれば一番効率的に自分のしたいことができるのか，を合理的に考えればよい。しかしながらこの環境が人間である場合，行為選択は複雑化する。安値競争の事例に立ち戻ってみよう。もしも電気店が街に唯一の店であり，街の人々が他の店へのアクセスをもたないとしたら，電気店にとって価格の設定は，街の人々の需要や資産等という環境を考慮して，計算されるだろう。これもそれなりに複雑な考察であるが，こうした複雑性は，競合店が街に現れたとたんに増加する。つまり，囚人のジレンマの可能性が生まれる。ここで生じているのは，相手の合理的な選択を予測するという作業であり，相手に対して期待を抱くという営みを，相互的に行っているのである。そしてここで抱かれている期待は，「合理的期待 rational expectation」と呼ぶことができる。

我々が他者と，いちいちその意図を明示的に確かめなくても，基本的に問題なく協働作業ができる（この場合，不必要な対立を生まない，ということも協働作業に含めてよい）理由の一つが，知らず知らずにこうした合理的期待を互いに抱き，それに応えているからだといえる。自動車の運転を考えてみよう。運転手同士は，基本的に言語的コミュニケーションをせずに，互いに合理的な選択をすることを期待し合い，そうした期待をすり合わせることで，無用な事故を避けている。逆にいえば，非合理的な選択（例えば狭い道で対向車が来たのにスピードを上げること）をしたとき，交通事故が生まれやすい。

(3) 規範的期待　自動車運転の事例をさらに考察すれば，我々が抱く期待が，合理的期待だけではないことがわかる。もしも運転手が赤信号で車を停止しなければ，事故が起こる可能性は非常に高い。なぜなら，青信号で直進する運転手は，赤信号で他の運転手が停車することを期待しているからである。こうした期待は「規範的期待 normative expectation」と呼べる。つまりここでは，交通法規という規範に運転手が従うことが，一般に期待されているのである。規範には様々なものがありうる。例えば法律のほかに，宗教や道徳律が考えられる。そしてこうした規範の内容は，国や文化，時代の違いによって，様々に異なったものとなりうる。しかしながら社会が成立しているところでは，その社会内で，必ずしも一枚岩ではないが，共通の規範がルールとして確立されているといえる。さらにいうなら，行為者が規範的期待に応じているとき，しばしば承認の欲求が行為者の中に生まれる。規範を達成する場合，他者からの承認を受けることが心理的な報酬となることがある。逆にいえば，規範的期待に背くとき，非承認もしくは非難というマイナスの利得を被ることになる。そうしたマイナスの利得は，しばしば罪や恥の意識を生み，人々の社会化を促す。

したがって，社会内で行為を成功裏に遂行する際に，当該社会の規範を理解することが重要になる場合がある。あるいは，協働関係がうまくいかなかったとき，その失敗を反省する際に規範の検討が重要になるといえる。注目に値するのは，規範的期待と合理的期待が対立する場合があることである。例えば合理的な選択が，自己の利己的な利益追求を要求するとき，宗教的な規範が，利他的な行為を要求するかもしれない。この両者のどちらが優越する（べき）かは，一義的にはいえないので，我々が他者の行為を予測することは複雑な，困難性を伴った作業になることがある。

(4) 機能的期待　この規範的期待と似てはいるが，異なった期待に「機能的期待 functional expectation」ないしは「標準的期待 normal expectation」がある。人は社会に生きるとき，様々な役割を負う。典型的なのが職業であり，例えば教師，医師，銀行員，ウェイター等の役割を果たすことで，人は社会的生活をする。こうした役割は，役割に対応する期待を伴う。これは，役割を背負う人に対して，我々が何らかの標準的な行為をすると期待していることを意味する。教師は教師らしく，医者は医者らしく，振る舞うことが期待されている。そして役割は，しばしば社会の中で何らかの機能を果たすように期待されている。役割を果たすとは，その役割に期待されている機能を，実現することを意味するといえる。もちろん，役割は職業的役割につきない。父親，女性，隣人，顧客等として，人が人と何らかの仕方で交流するとき，人には様々な役割が期待されており，そうした役割の内容は文化や習慣によって異なることが多い。我々が他者と交流するとき，このような役割に応じた行為を他者に期待するなら，それは「機能的期待」ないしは「標準的期待」と呼べるであろう。

役割を果たすという行為は，機械的になされるものではない。例えば人が役割を果たそうとするとき，役割内部と役割間での葛藤を経験するかもしれない（船津 1976：173f.)。つまり，第１に，何らかの役割が与えられていても，その機能をどのように実現するかについての葛藤が生まれるかもしれない。例えば教師らしい振る舞いに関して，具体的にどのような行為が適切なのかについて，教師はときとして複雑な判断を下さなければならないことがある。第２に，人は同時に複数の役割を背負う。例えば同時に母親であり，医師であり，町内会のメンバーであったりする。何らかの具体的な行為を選択する際，こうした複数の役割のあいだで葛藤が生じることがある。その際に，どの役割を優先させるべきかの判断の重荷がこの個人に背負わされる。いずれにせよ，役割の実現には個人の判断がつきまとう。つまり，役割を果たす人は自分の役割に関する解釈をしなければならない。それは，〈役割を善くなす〉ということの意味をめぐる解釈であり，それは不可避的に〈社会の中でその役割が果たすべき機能は何か〉という問いを含む。役割を果たす人は，役者に喩えられる。台本を漫然とこなす役者は善い役者ではない。台本を解釈して演技を独自に演出するのが，善い役者だといえる（ゴッフマン 1974：297-301)。

(5) 社会科学と解釈　以上の（3）と（4）のケースにおいては，人と人との相互行為における，文化的な要素の理解が重要になる。つまり，「規範」や「機能」といった概念は，単なる量に還元できない質的な意味での《善》の概念を含んでいる。こうした意味での《善》を探求するには，事実に即した記述的な説明だけでは不十分であり，文化現象の意味を明らかにする解釈的な営みが必要となる。つまり，自然科学的な方法だけでは不十分で，人文学的な方法も，社会科学の探求には必要なのである。哲学のような人文学的方法を利用する社会科学は，社会科学の解釈学的アプローチと呼ばれることがある（ハーバーマス 1991：268f.)。こうしたアプローチは，しばしば「相互主観性」という概念を使用する。つまり，社会において人々は，互いに主観的な判断を行うことで社会的関係性を構築しているのであり，このような相互の主観のすり合わせは，単なる主観性でも客観性でもない，独自の共通性をもつとされるのである。

4. 社会科学の視座

相互性に着目することで，自然科学にはない社会科学独自の方法の意義が明らかになった。ここで，社会科学の視座（パースペクティブ），つまり基本的な視点のとり方について，市民自治を意識しつつ考察しておこう。社会科学も科学であるのだから，客観性が重要である。社会を客観的に観る方法として，フランスの社会学者デュルケムは「社会的事実を物のように考察すること」を方法論として提唱した（デュルケム 1978：71)。社会は意図をもった人間の行為によって構成されているが，社会を総体的な単位として観るとき，〈精神的なもの〉ではなく〈外的な事実〉として現れる。デュルケムによれば「このような方法手続をとれば，見かけではこのうえなく気まぐれにみえる諸事実でも，より注意深い観察に対しては，やがてそれらの客観性の兆候である恒常性と規則性という特徴を示すようになるのが認められ，人はしばしば満足をうる」(92)〔強調は引用者〕ことになる。

このような見方は，三人称的な視座と呼べる。社会をあたかも物であるかのようにみなすうえで，社会科学者はあくまでも観察者として社会にアプローチする。つまり，観察された現象の中にある因果関係を探求し，現象の予測可能性を高めるように努める。これは自然科学とも共通する科学的な視座といえる。では，相互性の観点，とりわけ，相互主観的な観点を生かすためには，どのような視座が必要だろうか。岡﨑晴輝は「市民自治の技術論のための覚書」において，政治学の視座を観察者(三人称)から実践者(一人称)へ移すことを提唱している(岡﨑 2009：225)。これは市民自治の実践を論じるために，実際に行為している人々の視座に立とうとする試みである。そしてこの視座をとる際に必要なのが，相互性，もしくは相互主観性への配慮だといえる(236)。本書においてもこの視座は採用され，市民自治の技術論が検討される。

これは，三人称的な視座を拒絶することを意味しない。一人称的な視座は，相互性を考慮する際，二人称的な視座を考慮にいれる。こうした一人称と二人称の相互関係を見つめるのは，三人称的な視座だといえる。このような見方は，ウェーバーの方法でもある。ウェーバーの社会学は，理解社会学と呼ばれるが，それは人間の社会的行為の意味を理解することを目指す学問だといえる。ウェーバーは，人々が社会的行為をするとき，そこに相互の意味理解があることを客観的に説明しようとしている(ウェーバー 1972：8)。我々に必要なのは，異なった人称の視座のあいだを往復することで総合的な理解を獲得し，自らの視座を調整し続けることだといえよう。ただし，一人称の視座にこだわる利点もある。我々が探求しているのが市民自治の実践である限り，客観的な説明を探求することそのものは第一義的な目標ではない。つまり，完全な理解を追求するよりも，具体的な問題の解決に取り組むことが目標である。ここに，いわば〈賭け〉の要素があるといえよう（ゴッフマン 1974：287)。もちろん，無反省な〈賭け〉は避けられるべきである。したがってたとえ不完全でも，客観的知識を利用して，我々は行為し，自分の行為を客観的にモニターする努力をしなければならない。市民自治という実践とは，知識に照らされた集合的な意志決定でなければならない，といえよう。

参考文献

秋吉貴雄，伊藤修一郎，北山俊哉 2010『公共政策学の基礎』新版，有斐閣。

エルスター，ヤン 1997『社会科学の道具箱――合理的選択理論入門――』海野道郎訳，ハーベスト社。

エンゲルス 2001『反デューリング論』(上)，秋間実訳，新日本出版社。

岡﨑晴輝 2009「市民自治の技術論のための覚書」(関口正司編『政治における「型」の研究』風行社に所収)。

ヴェーバー，マックス 1972『社会学の根本概念』清水幾太郎訳，岩波書店（岩波文庫)。

ゴッフマン，E. 1974『行為と演技　日常生活における自己呈示』石黒毅訳，誠信書房。

スティグリッツ，J.E. 2003『公共経済学』第2版（上)，藪下史郎訳，東洋経済新報社。

スミス，アダム 2000『国富論』(二）水田洋監訳，杉山忠平訳，岩波書店（岩波文庫)。

デュルケム 1978『社会学的方法の規準』宮島喬訳，岩波書店（岩波文庫)。

パウンドストーン，ウィリアム 1995『囚人のジレンマ　フォン・ノイマンとゲームの理論』松浦俊輔他訳，青土社。

ハーバーマス，ユルゲン 1991『社会科学の論理によせて』清水多吉，木前利秋，波平恒男，西阪仰訳，国文社。

ビンモア，ケン 2010『ゲーム理論』海野道郎，金澤悠介訳・解説，岩波書店。
船津衛 1976『シンボリック相互作用論』恒星社厚生閣。
マートン，ロバート K. 1961『社会理論と社会構造』森東吾，森好夫，金沢実，中島竜太郎訳，みすず書房。
マンデヴィル，B. 1985『蜂の寓話―私悪すなわち公益』泉谷治訳，法政大学出版局。
ミラー，デイヴィッド 2019『はじめての政治哲学』山岡龍一，森達也訳，岩波書店（岩波現代文庫）。
山岸俊男 2000『社会的ジレンマ 「環境破壊」から「いじめ」まで』PHP 研究所（PHP 新書）。

学習課題

1．社会科学を学ぶ意義を，常識の限界という観点から，考察してみよう。
2．「囚人のジレンマ」を，市民自治の問題の説明に適用してみよう。
3．社会科学の方法における解釈の意味を，自然科学的な方法との対比で，考えてみよう。

第Ⅱ部　市民自治の制度

5 レファレンダム

岡﨑　晴輝

《目標＆ポイント》 本章では，新潟県巻町の住民投票を事例にして，賛成論・反対論を検討することを通じて，レファレンダムで自治体や国の政策を決定することの是非を考えたい。また，レファレンダムをうまく使いこなすコツについても考えてみたい。
《キーワード》 レファレンダム，衆愚政治，地域エゴ，自己決定

1．代議制民主主義とレファレンダム

現代日本では，代議制民主主義（間接民主主義）が採用されている。自治体レベルでは，有権者は，地方議会議員に加えて首長を選挙で選出する。国レベルでは，有権者は衆議院議員と参議院議員を選挙で選出し，国会が首相を指名する。前者では大統領制的な制度が採用されているが，後者では議院内閣制が採用されている。こうした相違はあるものの，有権者自身が政治に当たるのではなく，有権者が選出した政治家が政治に当たる代議制民主主義が採用されているのである。

しかし，なぜ代議制民主主義が採用されているのであろうか。改めて問われた場合，即答するのは難しいであろう。この問いに答えるためには，直接民主主義を採用していたとされる古代ギリシアと比較するとよい。両者を比較すると，代議制民主主義を採用している三つの理由が浮かびあがってくるからである（古代ギリシアについては，橋場 2016を参照）。

第1に，古代ギリシアと現代社会では政治的単位の規模が異なっている。古代ギリシアの都市国家（ポリス）の規模は，それほど大きくはなかった。そうした小規模な政治的単位であれば，すべての市民が一堂に会し，熟議することも可能であったろう。しかし現代社会では，政治的単位は拡大している。たしかに，小規模な町村であれば一堂に会することもできるかもしれないが，人口が数万人の市では難しい。いわんや，都道府県，国，国際機構となると，市民が一堂に会し，熟議を重ねることは物理的に不可能であろう。

第2は，市民の時間的余裕の相違である。古代ギリシアでは，市民は奴隷を所有しており，働く必要はなかった。それゆえ，民会（エクレシア）に集まることもできた。しかし現代社会では，市民の多くは，一日の大半を働くことに費やさなければならない。政治に直接参加する時間的余裕はとても捻出できない。

そして第3に，社会の複雑さも異なっている。古代ギリシアでは，社会の仕組みはそれほど複雑ではなく，市民が問題を解決するのも難しくはなかったであろう。しかし現代社会には，解決の難しい問題が山積しており，しかも複雑に絡み合っている。それらに取り組むのは，市民にとっては荷が重い。たしかに教育水準は飛躍的に向上しているが，同時に，社会の抱える問題も飛躍的に複雑になっている。それゆえ，政治は職業政治家に委ねたほうがよい。

こうした物理上の理由，時間上の理由，知識上の理由で代議制民主主義が採用されていると考えることができるであろう。しかしその一方で，代議制民主主義を補完するために，様々な市民参加が必要とされていることも事実である。選挙型の代議制民主主義では，市民の見解（世論）と政治家の見解が乖離（かいり）することも少なくないからである。このギャップを埋める一つの方法として，レファレンダムが活用されるようになっている。

レファレンダムとは，有権者自身がある政策に賛成・反対の意思表示をしたり，望ましい政策を選択したりする制度である。一つないし複数の自治体を単位とする場合は「住民投票」と呼ばれ，国を単位とする場合は「国民投票」と呼ばれる。政治的単位は異なるものの，有権者は政策を選択する。この点で選挙とは決定的に異なっている。選挙では，有権者は候補者や政党を選択するが，レファレンダムでは政策を選択するのである。レファレンダムをめぐっては，しかし，賛否両論が存在している。はたしてレファレンダムは望ましいものなのであろうか。

2. 新潟県巻町の住民投票

レファレンダムの是非を抽象的に議論しても，宙に浮いた議論になってしまうであろう。そこで，1996年8月4日に新潟県巻町（現・新潟市）で実施された，東北電力巻原子力発電所の建設の是非をめぐる住民投票を取りあげたい（主として，新潟日報報道部 1997：229-248を参照。桑原正史／桑原三恵 2003；伊藤ほか 2005；高島 2016も参照）。巻町の住民投票は，条例に基づいて行われた住民投票としては日本最初のものであり（今井 2000：20），その後の住民投票に大きな影響を与えたものである。

新潟県西蒲原郡巻町は新潟市の南西側に隣接し，新潟市のベッドタウンだった（2005年に新潟市に編入合併されている）。住民投票当時の人口は約3万人。1960年代末には東北電力が巻原子力発電所の建設計画を進めており，1977年12月に町議会が原発建設に同意し，1980年12月には町長も同意した。その間，289億円もの「原発のカネ」が巻町に注ぎ込まれたとされる（新潟日報報道部 1997：58）。その後，原発慎重派の町長が当選したため，こう着状態が続いたが，1994年８月の町長選で原発推進派の佐藤莞爾が当選すると，原発敷地内にある町有地の東北電力への売却が現実味を帯びてきたのである。

ここで重要なのは，町長選で落選した原発慎重派の候補者が6,245票を獲得し，原発反対派の候補者が4,382票を獲得していたことである。両者を合わせた10,627票は，当選した原発推進派の佐藤町長の9,006票を上回っていたのである。これにたいして原発推進派は，原発慎重派の候補者はもともと原発推進派だったと主張した。

そこで住民は「巻原発住民投票を実行する会」を結成し，さらには「住民投票で巻原発を止める連絡会」を結成して，95年１月から２月にかけて，自主管理住民投票を実施した。原発推進派がボイコットを呼びかけるなか，投票率は45.40％，原発建設賛成が474票，原発建設反対が9,854票という結果になった。しかし佐藤町長は「今回の住民投票は，正式な民主主義のルールにのっとった行為ではない」として，その結果を無視したのである。

そこで住民側は，95年４月の町議会選挙に候補者を立てた。選挙の結果，住民投票条例制定派12名，原発推進派10名が当選した。しかし，条例制定派２名が寝返り，10名対12名に逆転した。採決に加わらない推進派議長を除いても，10名対11名になり，住民投票条例案は否決されるものと思われた。ところが，95年６月の採決では条例案が可決された。「関係者の話を総合すると，原発推進派議員の１人が誤って条例制定に賛成票を投じたためとの見方が有力だ」（新潟日報報道部 1997：237）。ここで佐藤町長は，「再議」にして同条例案を廃案に追い込むこともできたが，そうしなかった。代わりに，条例改正の直接請求を踏まえ，1995年10月に住民投票条例を改正した。第３条第１項の「住民投票は，本条例の施行の日から90日以内に，これを実施する」という文言を「住民投票は，町長が議会の同意を得て実施するものとする」という文言へと変更したのである（三辺 1996：41）。

これにたいして，原発反対派・住民投票実施派は佐藤町長の解職請求（リコール）の署名を集め始めた。12月初めには，有権者の1/3という法定数（約7,700人）を上回る10,231人の署名を集めたのである。そうしたなか佐藤町長が辞職し，96年１月に町長選挙が行われることになった。住民投票賛成派の笹口孝明が当選し，1996年８月４日に住民投票が実施された。投票結果は，投票率88.29％，原発反対12,478票（約61％），原発賛成7,904票（約39％）で，原発反対派が勝利を収めたのである（**写真５-１**）。

写真５-１　巻町住民投票

出所：1996年８月，新潟県巻原発建設の賛否を問う住民投票の結果を喜ぶ反対派市民グループ＝巻町（現新潟市）　写真提供：ユニフォトプレス。

住民投票の翌朝，『朝日新聞』と『読売新聞』がこの住民投票に関して対照的な社説を掲載した。『朝日新聞』の社説「巻町の住民投票が示した重み」は「巻町の挑戦が，十分な機能を果たしていないこの国の間接民主主義に，大きな反省を迫ったことは間違いない」としている。他方，『読売新聞』の社説「巻町住民投票「原発ノー」の問題点」は，三つの疑問を呈した。第１に，「こうした手続きが，住民投票によってとん挫するのであれば，選挙で選ばれた議会や首長の機能と責任とは何か。間接民主制の否定にもつながりかねない」。第２に，「原発の安全性については，感情的な否定論が目立ち，すれ違いに終始した」し，「将来の日本のエネルギー問題についても十分に論議されたかどうか疑問が残る」。そして第３に，「原発建設の可否という国の基本政策を，住民投票の対象にすること自体に問題がある」としたのである。

このように賛否両論があったものの，住民投票の結果を受けた笹口町長は，原発用地内にある町有地を東北電力に売却しない方針を決め，1999年には町有地を原発反対派に売却した。2003年12月24日には，東北電力が巻原発建設を最終的に断念している。

さて，こうした巻町の住民投票を実施したことは望ましかったのであろうか。ここで考えたいのは住民投票の結果（原発建設に反対）の是非ではなく，住民投票を実施したことの是非である。言い換えれば，首長・議会ではなく住民投票によって町の将来を決定したことの是非である。主たる論拠を検討していくことにしたい（以下の論拠は，九州大学で開講している政治学入門で出された論拠を基にしている）。

3. 巻町住民投票の是非

(1) 間接民主主義論　巻町の住民投票を非とする論拠の一つは，日本では間接民主主義（代議制民主主義）が採用されている以上，住民投票を実施する必要はない，というものである。この論拠にたいしては，次の二つの批判が生じるであろう。

第１に，現在でも直接民主主義が制度化されているではないか，という批判である。たとえば，特別法の住民投票（憲法第95条；地方自治法第261条，第262条），憲法改正の国民投票（憲法第96条；国民投票法），直接請求（地方自治法第５章），町村総会（地方自治法第94条）などである。住民投票を実施したとしても，間接民主主義を侵害することにはならないのではないだろうか。

地方自治法第89条は「普通地方公共団体に議会を置く」としているが，第94条は「町村は，条例で，第89条の規定にかかわらず，議会を置かず，選挙権を有する者の総会を設けることができる」と規定している。これにたいしては，違憲ではないかとの見解もあるが，政府は2018年２月20日付の答弁書において，「地方自治法（昭和22年法律第67号）第94条の規定による町村総会は，憲法第93条第１項にいう「議事機関」としての「議会」に当たるものと考えている」と答弁している。

第２の批判は，間接民主主義では不完全にしか民意を反映できないのではないか，というものである。それによれば，選挙では候補者や政党の数は限られており，有権者は見解の**近い**候補者や政党に投票せざるをえない。それゆえ，個別的争点に関しては，有権者の見解と政治家の見解とのあいだにズレが生じざるをえないのではないだろうか。

(2) 衆愚政治論　巻町の住民投票を非とする第２の論拠は，市民は政治のアマチュアであり，合理的に判断するのは難しい，というものである。この論拠にたいしては，後述する**自己決定論**からの批判のほか，次の二つの批判が生じるであろう。

第１の批判は，原発建設の是非を判断する場合，それほど専門的知識を必要としないのではないか，というものである。たしかに，専門家が最低限の専門的知識を提供することは必要であろう。原発の経済効果はどれくらいなのか，原発の危険性はどれくらいなのか，といった点である。しかし，時間をかければ，一般市民もその程度の専門的知識を踏まえ，合理的に判断することはできるのではないだろうか。事実，住民投票を地道に取材してきた今井一は，住民投票前に住民が熱心に学習し討論する姿を報告している（今井 2000：189-190）。そして，専門家による専門的知識の提供を必要としているのは，政治家の場合も同じなのではないだろうか。

衆愚政治論にたいする第２の批判は，より合理的な判断を期待できるのは，政治家ではなく市民なのではないか，というものである。それによれば，政治家は，政界・官界・財界（業界）のアイアン・トライアングル（鉄の三角同盟）に組み込まれている。そして，選挙で当選するためには，カネ（政治資金）を集めなければならないし，フダ（票）も集めなければならない。原発建設を推進すれば，それによって潤う業界からカネやフダを集めやすい。政治家は当選という私益を優先させ，合理的な判断をできないのではないだろうか。これにたいして一般市民は，当選という私益とは無縁であり，より合理的な判断をしやすいのではないだろうか。

（3）地域エゴ論　巻町の住民投票を非とする第３の論拠は，逆説的だが，市民の合理性ゆえに非とすべきである，というものである。それによれば，住民投票で決定すれば，住民の多くは，いわゆる迷惑施設を拒否する判断を下すであろう。その結果，迷惑施設をたらい回しにし，どこにも作れなかったり，より弱い地域に押しつけたりする「地域エゴ」

に陥りかねないというのである。

この論拠にたいしては，次のような批判が生じるであろう。たしかに，巻町の住民投票でも「地域エゴ」がなかったとは言い切れない。しかし地域エゴ論は，多数派の「地域エゴ」という問題を無視してはいないだろうか。すなわち，原発の恩恵（雇用等）だけでなく負担（事故のリスク）を背負っているのは過疎地域の住民（少数派）であるのに，その恩恵（電力）に与っているのは，主として大都市の住民（多数派）である。多数者の側が迷惑施設を少数派に押しつけているのは，多数派の側の「地域エゴ」なのではないだろうか。そうであるとすれば，巻町の住民投票は，多数派の「地域エゴ」にたいする正当な意思表示だったのではないだろうか。

多数派のエゴという問題は，原子力発電所だけではなく在日米軍基地でもみられるであろう。沖縄県知事を務めた大田昌秀は，次のように指摘している。

私はまず始めに，いわゆる「沖縄問題」をめぐる政治のありようは，マス・コミの社会的役割との関連で言うと，日本の民主主義の名において，非民主的で極めて歪（いびつ）な事態に陥っている，と指摘しなければなりません。どういうことかと申しますと，民主主義の基本原則は，多数決によって物事が決することになっています。したがいまして，代議制下の国会を構成している他府県出身の圧倒的多数の方々が，沖縄の問題を自らの問題として考えていただかない限り，逆に多数決原理に災いされて，その解決はおよそ不可能だということであります。／しかも，日本国憲法という世界的に見ても非常に優れた憲法を持ちながら，政治のありようとしては，今のところ最も望ましい制度と言われている民主政治を採用していながら，本来民主政治に期待されている機能を発揮できず，結果的に多数決原理によって，沖縄のような少数派の問題は何らコミットされることもなく，葬り去られてしまうのです。このように，民主政治を謳歌する一方でこうした反民主的事態が起こるのは，まさに皮肉と言わざるをえません。（大田 1996：137-138）

「本土」の住民（多数派）が沖縄の住民（少数派）に犠牲を強いている可能性は，多数派の側では自覚しにくいかもしれない。ここで，朝日新聞社が2015年4月18日・19日に行った世論調査を見てみよう（全国の有効回答は1,894人，回答率は49％，沖縄の有効回答は1,109人，回答率は59％）。「沖縄には，在日米軍の基地や施設の74％が集中しています。この状態は本土に比べて，沖縄に犠牲を強いていることになり，おかしいと思いますか。地理的，歴史的にみてやむを得ないと思いますか」と

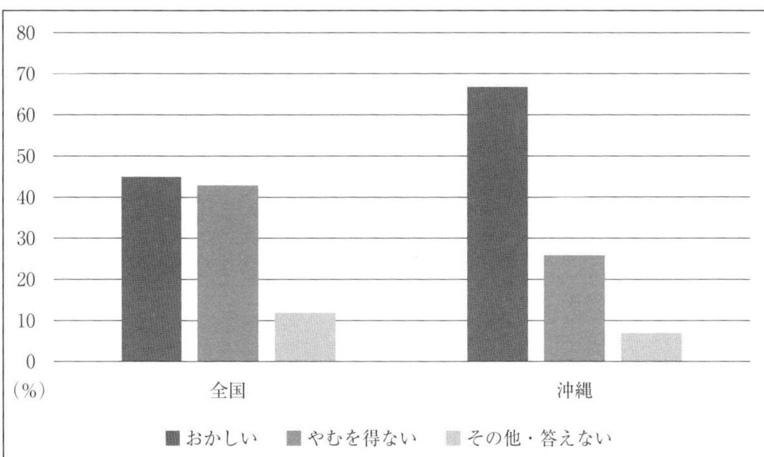

図5-1　沖縄米軍基地に関する世論調査

出所：『朝日新聞』2015年4月21日（火）朝刊から作成。

尋ねたところ,「おかしい」と回答した者は全国で45%, 沖縄で67%だったが,「やむを得ない」と回答した者は全国で43%, 沖縄で26%という結果になったのである。「本土」の住民が「多数派のエゴ」に陥ってはいないだろうか。

(4) 民意反映論 次に, 巻町の住民投票を是とする論拠を検討していこう。主たる論拠の一つは, 住民投票を実施すれば, 民意を政治に反映させることができる, というものである。この論拠にたいしては, すでに検討した**間接民主主義論**からの批判のほか, 次のような批判が生じるであろう。その批判とは, アマチュアの民意を政治に反映させるくらいであれば, むしろ反映させないほうが望ましいのではないか, というものである(**衆愚政治論**)。これにたいしては, すでに検討したように, 原発建設の是非を判断する場合, それほど専門的知識を必要としないのではないか, と反論することもできるであろう。また, より合理的な判断を期待できるのは, 当選という私益とは無縁な市民のほうではないか, と反論することもできるであろう。

(5) 自己決定論 しかし, そもそも民意を反映するのが望ましいとしても, なぜ望ましいのであろうか。あらためて問われてみると, 答えるのは意外に難しい。この問いに答えるためには, もう少し踏み込んだ論拠が必要になるであろう。その論拠とは, 重大な影響をもたらす可能性のある争点については, 決定の影響を受ける人々自身が決定すべきである, というものである。

この自己決定という考え方は, 医学におけるインフォームド・コンセントという考え方と同じである。医師は患者に必要十分な情報を提供し, 治療の選択肢を提示し, 必要であれば, 特定の治療法を勧める。しかし最終的には, 患者の自己決定に委ねる。仮に患者が手術を選択し, 必ずしも良い結果でなかったとしても, 必要にして十分な情報を提供されたうえで，自分自身で決定したのであれば，納得がいくからである（なお，医師の判断に従うというのも自己決定の一つの形態である）。政治でも同じではないか。仮に原子力発電所を建設し，事故が生じたとしたら，住民自身で決定したのであればともかく，一部のエリートが決定したのであれば，とても納得できるものではない。決定の影響を受ける住民自身が決定すべきだというわけである。

この論拠にたいしては，**衆愚政治論**からの批判が生じるであろう。加えて，住民投票を実施したこと自体にたいする批判ではなく，巻町を単位として住民投票を実施したことにたいする批判も生じるであろう。原発事故の影響を考慮するのであれば，少なくとも近隣自治体を含めて住民投票を実施すべきだったのではないか。また，電力供給という影響を考慮すれば，少なくとも東北電力管内（東北６県＋新潟県）で住民投票を実施すべきだったのではないか，と。

住民投票の単位をどう設定するかは，結果を左右する。大飯原発の運転再開に関するアンケート結果を見てみたい。この調査は，2012年４月21日・22日に朝日新聞社が電話で行ったものである（福井県の有効回答は863人，回答率は66％，近畿の有効回答は2675人，回答率は64％）。それによれば，おおい町を含む嶺南地方では，運転再開に賛成する者は51％，反対する者は34％であり，賛成が過半数を占めた。ところが，福井県では賛成が36％，反対が43％と逆転し，近畿（２府４県）では賛成が29％，反対が52％となり，反対が過半数を占めたのである（**図５－２**）。大飯原発の運転再開について，おおい町を含む嶺南地方で住民投票を実施したとすれば，賛成多数になったであろうが，福井県や近畿地方を含めて住民投票を実施したとすれば，反対多数になったであろう。このことを考えれば，住民投票自体の是非だけでなく，住民投票の単位の是非も問わなければならないであろう。

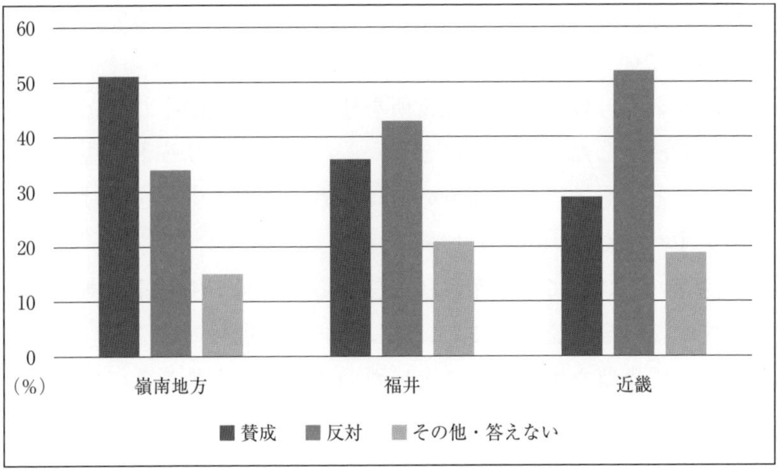

図 5－2　大飯原発の運転再開に関する世論調査

出所：『朝日新聞』2012年 4 月24日（火）朝刊から作成。

以上，巻町の住民投票を事例にして，レファレンダムの是非について考えてきた。レファレンダムを活用することが望ましいのか否か。望ましいにしても，どのような工夫が必要になるのか。一人ひとりが考えを深めていく必要があるだろう。

参考文献

伊藤守ほか 2005『デモクラシー・リフレクション――巻町住民投票の社会学』リベルタ出版。
今井一 2000『住民投票――観客民主主義を超えて』岩波書店（岩波新書）。
大田昌秀 1996『沖縄　平和の礎』岩波書店（岩波新書）。
桑原正史／桑原三恵 2003『巻原発・住民投票への軌跡』七つ森書館。
三辺夏雄 1996「巻町原発住民投票の法的問題点」,『ジュリスト』No.1100, 40-45頁。
高島民雄 2016『もう話そう　私と巻原発住民投票――計画白紙撤回まで34年の回顧録』現代人文社。
新潟日報報道部 1997『原発を拒んだ町――巻町の民意を追う』岩波書店。
橋場弦 2016『民主主義の源流――古代アテネの実験』講談社（講談社学術文庫）。

学習課題

1．巻町住民投票の是非に関する自分自身の考えをまとめてみよう。
2．［国民投票／住民投票］情報室のウェブサイト（http://ref-info.com/）を閲覧し，最新の動向を把握しよう。

6 抽選制議会

岡﨑　晴輝

《目標＆ポイント》 本章では，市民自治の制度として抽選制議会を採用することの是非を考えたい。市民自治のために，レファレンダムによって代議制民主主義を補完することもできるであろうが，議員の全部又は一部を抽選で選出することによって代議制民主主義を強化することもできるであろう。議員の全部又は一部を抽選で選出することは，市民自治にとって望ましいのであろうか。

《キーワード》 選挙制，抽選制，抽選制議院，抽選制議員

1. 抽選制による民主主義の再生

近年，レファレンダムによる代議制民主主義の補完だけでなく，抽選制（くじ引き）による代議制民主主義の強化も試みられている。抽選で選出された市民が週末に集まり，与えられた主題について熟議を重ねるミニ・パブリックスがそれである（**第14章**も参照）。さらに，そうした主題限定・期間限定のミニ・パブリックスの延長線上に，議員を抽選で選出する抽選制議会が提唱されている。そこでは，代議制民主主義の補完ではなくその変革，すなわち選挙型代議制民主主義から抽選型代議制民主主義への変革が目指されているのである。

(1)『選挙制を疑う』 日本において抽選制議会論が注目を集めたのは，2019年にダーヴィッド・ヴァン・レイブルック『選挙制を疑う』（2013年）が翻訳されてからであろう。同書は，私がルーヴェン・カトリック大学（ベルギー）のディミトリ・ヴァンオーヴェルベーク教授とともに

翻訳したものであり，大きな反響を呼んだ。

ヴァン・レイブルックによれば，現代民主主義は，効率性という点でも正統性という点でも危機に瀕している。ポピュリズムは，そうした「民主主義疲れ症候群」の原因が政治家にあると診断し，テクノクラシーは民主主義にあると診断し，直接民主主義は代議制民主主義にあると診断する。しかし，民主主義疲れ症候群の真の原因は，代議制民主主義の一形態としての選挙型代議制民主主義にあるという。ヴァン・レイブルックによれば，

> 商業メディア，ソーシャルメディア，政党の集団ヒステリーによって選挙熱が常態化した。そしてそのことが民主主義の作用に深刻な事態をもたらしている。すなわち，効率性は選挙上の打算に苦しみ，正統性は絶えざる売名行為に苦しんでいる。選挙のせいで，長期的視野や公共の利益は，短期的視野や政党の利益の前に度重なる敗北を喫せざるをえない。選挙は，民主主義を可能にすると考えられてきたが，今日のこの状況では民主主義をむしろ阻害しているようにみえる。選挙は廃墟と化してしまったのである。(ヴァン・レイブルック 2019：57)

にもかかわらず，我々は「選挙原理主義」に陥っている。ここで選挙原理主義とは「選挙のない民主主義など考えられず，民主主義について語るためには選挙が必要不可欠の条件であるとする，揺るぎなき信仰」である（ヴァン・レイブルック 2019：42)。

しかし歴史を遡れば，古代ギリシアやヴェネチア，フィレンツェなどで抽選制が活用されていた。古代ギリシアの民主政治では，五百人委員会（ボウル)，民衆裁判所（ヘリアイア)，ほぼすべての執政官（アルコ

ン）が抽選で選出されていた。他方，ヴェネチアやフィレンツェでは，有力者間の対立を緩和するために抽選制が活用されていた。しかし，近代民主主義の始まりとされるアメリカ革命やフランス革命では，新興の非世襲の貴族が権力を握るために，貴族主義的であると考えられていた選挙制を採用した。そして，普通選挙制が確立するにつれて，選挙制こそが民主主義の道具であると考えられるようになった。こうして我々は，選挙原理主義に陥ったというのである。

しかし20世紀末に抽選制が復活し，21世紀になると，カナダのブリティッシュコロンビア州やオンタリオ州では選挙制度改革のために，アイルランドでは憲法改正のために抽選制が活用された。抽選で選出された市民が選挙制度改革案や憲法改正案をまとめたのである。そして，そうした主題限定・期間限定のミニ・パブリックスの延長線上に，議員を抽選で選出する抽選制議会が提唱されるようになっている。ヴァン・レイブルックも，そうした論者にならい，二院制議会の一院を抽選制議院に変えようではないか，と呼びかけたのである（ヴァン・レイブルック 2019）。

(2) ミニ・パブリックス　それでは，なぜ抽選制が復活したのであろうか。一言でいえば，従来の形態の参加では，平等と熟議という二つの民主主義的基準を満たすことが難しいからである。たとえば，陳情・請願やパブリックコメントでは，その問題について熟議を重ねた市民が意見を寄せるかもしれない。しかし，その声がすべての市民の声を代表しているとはかぎらない。発言力の弱い市民の意見は，依然として代表されないであろう。だとすれば，陳情・請願やパブリックコメントといった自発的な参加形態は，平等という民主主義的基準に照らして限界を有していることになる。

他方，レファレンダムを活用すれば，すべての市民に一票が与えられるため，平等という基準は満たしている。しかし，すべての市民がそのテーマについて熟議をしているとはかぎらない。たしかに，第５章で見たように，レファレンダム前の学習会に参加すれば，自分の意見を反省し，時に修正することもあるだろう。しかし，そうした学習会への参加は，レファレンダムで一票を投ずるための条件にはなっていない。レファレンダムでは，すべての市民が参加できる一方で，すべての市民が熟議された意見を持っているとはかぎらない。だとすれば，レファレンダムという参加形態は，熟議という民主主義的基準に照らして限界を有していることになる。

そこで，ミニ・パブリックスが活用されるようになっている。ミニ・パブリックスでは，抽選で選出された市民が週末に集まり，あるテーマについて熟議を重ねる。そして，その結論を首長などに提出するのである。たしかに，すべての市民が参加しているわけではないが，無作為抽出されているため，すべての市民は平等に代表されるであろう。また，選出された市民は，専門家や他の市民の意見に耳を傾けて，与えられた主題について熟議を重ねるであろう。それゆえ，ミニ・パブリックスでは，平等の理念も熟議の理念も満たしているのである。

(3) 抽選制議会　それでは，なぜミニ・パブリックスにとどまらず，抽選制議会が提唱されるようになっているのであろうか。ミニ・パブリックスには，二つの限界があるからである。一つは，ミニ・パブリックスでは，与えられたテーマしか扱えないことである。議会のように，様々なテーマを扱うことはできない。もう一つは，議会の立法権を侵害しないためには，ミニ・パブリックスの権限が立法権ではなく勧告権にとどまらざるをえないことである。ミニ・パブリックスは，議会に従属せざるをえない。

そこで抽選制議会論者は，ミニ・パブリックスだけでなく議会にも抽選制を活用することを提唱する。抽選制議会論者によれば，議員は職業政治家であるがゆえに限界を有している。当選・再選するために，多額の政治資金を集めなければならない。そのためには，政治資金を提供する企業や労働組合などの顔色をうかがわざるをえない。また，選挙で公認されるためには，党執行部に逆らうことは難しい。次の選挙で公認を得られないばかりか，「刺客」を送り込まれるかもしれない。比例代表選出議員は名簿に記載されなかったり，記載されたとしても下位に記載されるかもしれない。これでは，政治家の判断は歪（ゆが）まざるをえない。

しかし，抽選で選出された議員であれば，どうであろうか。彼らは，選挙をする必要もなければ，政治資金を集める必要もない。支持基盤や政党執行部の顔色をうかがうことなく，みずからの良心に従って判断すればよいのである。こうした抽選制の長所を考えれば，議員を抽選で選出して民主主義を再生させるべきではないだろうか。これが抽選制議会論者の主張にほかならない。

2. 選挙制と抽選制

それでは，選挙制議会を抽選制議会で置き換えればよいのであろうか。これに関連して，トム・マレソンは「政治的平等」と「公平な熟議」という点では抽選制のほうが優れているが，「有権者による統制」と「能力」という点では選挙制のほうが優れているとする（**表6－1**）。そして，選挙制議会を抽選制議会で置き換えるよりも，選挙制議院と抽選制議院を組み合わせた二院制のほうが望ましいとする（Malleson 2019)。こうしたマレソンの議論を日本の文脈に引きつけつつ，選挙制と抽選制の長所・短所を検討していくことにしよう。

表６－１　選挙制と抽選制

	選挙制	抽選制
政治的平等	×	○
有権者による統制	○	×
公平な熟議	×	○
能力	○	×

(1) 抽選制の長所　マレソンは，選挙制では「政治的平等」を実現するのは難しいとする。マレソンによれば，選挙制では，議員は裕福な中年男性に偏りやすい。彼らの自由時間，財力，人脈，経歴が当選に有利に作用するからである。しかし抽選制では，無作為抽出により，議員は社会をより平等に代表するであろう。加えて，選挙制では当選・再選するために多額の政治資金を必要とするため，カネの影響が大きくならざるをえない。しかし抽選制では，そうした圧力とは無縁だというのである（Malleson 2019：171-175）。

たしかに，普通選挙権に基づいた選挙制では，すべての人が平等に投票できるという点では，選挙権の平等は実現している。しかしこのことは，政治的平等の一部にすぎない。被選挙権は形式的には平等であっても，実質的には平等ではない。いわゆる三バン（地盤・看板・鞄（かばん））のある候補者が圧倒的に有利であり，議員はいわゆる世襲議員に偏ることになる。それに挑むとなれば，野心家や，経営者や医師・弁護士のように落選したとしても生活に困らない者が大半を占めるであろう。高額の供託金が必要であれば，なおさらである。

加えて，カネも政治的平等を脅かすであろう。たしかに，個人献金を広く薄く集められる者もいるが，例外的である。多額の政治資金を集められる者に圧倒的に有利である。そうした候補者は幾つもの事務所を構え，多くの秘書を雇用し，多くの宣伝をすることができるであろう。圧倒的に有利な選挙戦を展開し，当選・再選を果たしていくであろう。こうした政治献金の存在は，市民間の政治的平等を脅かすであろう。

これにたいして抽選制では，政治的平等を実現しやすい。まず，無作為抽出により，すべての市民には平等に抽選される可能性がある。その結果，議員が特定の性別，年齢，職業などに偏ることなく，議会は「社会の縮図」になるであろう。もちろん，辞退者が続出すれば，そうした縮図に歪みが生じることになる。そこで，可能なかぎり辞退者が出ないように制度設計することが欠かせない。しかし，その点に留意すれば，議員の人口構成を社会の人口構成に近づけて，市民間の平等や議員の多様性を確保することができるであろう。

加えて，抽選された議員は選挙をする必要がなく，政治資金を集める必要もない。それゆえ，カネに左右されにくい。たしかに，企業や労働組合などは，ロビー活動や広報活動を繰り広げるであろう。たとえロビー活動を禁止したとしても，抽選で選出された議員が広報活動の影響を受けることは避けられない。しかし，政治献金という直接的影響に比べれば，カネの影響は間接的なものにとどまるであろう。このように，抽選制では，経済的不平等が政治的平等を歪める事態を最小限に抑えることができるであろう。

マレソンは「公平な熟議」という点でも選挙制には問題が多いとする。マレソンによれば，選挙制では公平な熟議は難しい。たとえば，選挙で求められる能力は熟議で求められる能力とは真逆であることも少なくない。また，議員は「点数稼ぎ」をしたがるし，短期的な解決策に飛びつくであろう。政党や有権者からしっぺ返しを食らうのを恐れて，意見を変えようとはしないであろう。しかし，抽選制にはそうした危険はないというのである（Malleson 2019：179-182）。

たしかに，選挙で当選するために，政党や企業・労働組合などの支援を受ける候補者が多い。そうした候補者が当選した場合，いったい公平な熟議ができるのであろうか。引き続きカネ（政治資金）やフダ（票）を提供してもらうためには，支持基盤の意向を無視できないであろう。また，ポストを得たり，次の選挙で公認を得るためには，政党執行部の意向も無視できないであろう。こうしたしがらみがあっては，公平な熟議など期待できないであろう。

しかし抽選制であれば，どうであろうか。選挙で選出されるわけではないため，政党や企業・労働組合などの支援は必要ない。抽選で選出された市民は，公平な熟議をした後，みずからの良心に従って判断することができるであろう。もちろん，抽選で選出された市民のなかには，似たような意見を持つ者もいるであろう。そうした人々がそれぞれの会派を結成するのは禁止したほうがよいかもしれない。しかしその点に留意すれば，一人ひとりが自立した議員として判断することができるであろう。

(2) 選挙制の長所　とはいえ，マレソンによれば，「有権者による統制」という点では選挙制のほうが優れているという。有権者は選挙を通じて政府与党に責任を取らせること（accountability）ができるからである（Malleson 2019：175–179）。

この accountability という概念は「説明責任」と訳されることが多い。政府に不祥事が起こったとき，有権者は政府が説明責任を果たすことを求める。しかし，accountability は「説明責任」にとどまらない意味を持っている。有権者が政府与党の責任を追及し，総選挙で責任を取らせることも意味している。訳語は必ずしも定着していないが，「答責性」と訳しておくことにしたい。

抽選制では，こうした答責性を確保するのは難しい。抽選制では，選出された議員は良心に従って判断するが，個人としても集団としても，任期終了後に選挙の洗礼を浴びることはない。抽選で選出された議員が手抜きをしたとしても，有権者がその責任を問うことは難しい。たしかに，地方議会で制度化されているように，解職請求を制度化することは可能であろう。しかし，仮に解職請求制度を導入したとしても，実際に請求されることは，ほとんどないであろう。だとすれば，いったん選出された議員は，数年間，フリーハンドで行動することができることになる。これにたいして選挙制では，市民は数年に一度とはいえ，政府与党の責任を問うことができる。すなわち，政府与党の政権運営に満足していれば，引き続き政権を委ねることができるし，逆に不満であれば，下野させることができるのである。

マレソンは「能力」という点でも選挙制のほうが優れているとする。マレソンによれば，候補者や議員になる過程で，能力に乏しい者は淘汰されるであろう。また，政党が議員の政策能力を支援してくれるであろう。ところが抽選制では，能力に乏しい議員を除外できない。また，そうでない議員であっても，膨大かつ複雑な問題に対処するのは難しい（Malleson 2019：182-186）。

たしかに，マレソンが言うように，選挙制のほうが能力を備えた議員を選出しやすい。しかし注意すべきは，多くの市民がそれぞれの職業（家事を含む）では専門家だという点である。しかも，数十人，数百人の市民が集まれば，数十人，数百人の専門家が揃うことになる。

とはいえ，抽選で選出された議員は，政治に必要な知識や技術を必ずしも身につけているわけではない。日本国憲法下では，首相は国会議員のなかから指名され，大臣の過半数も国会議員のなかから任命される。首相や大臣には，様々な政策を理解し判断する能力，官僚機構を統御する能力，国会で答弁する能力などが求められる。抽選で選出された議員のなかから首相や大臣を選出するのは，例外的には可能であるにしても，難しいと考えるべきではないだろうか。

3. 抽選制議会の制度設計

このように考えると，選挙制と抽選制を組み合わせるのが望ましいといえるであろう。それでは，両者をどのように組み合わせることができるのであろうか。私が提案した二つの制度設計を紹介したい。

(1) 抽選制議院　一つは，選挙制の衆議院を維持する一方で，選挙制の参議院を抽選制の市民院（House of Citizens）に改組し，抽選で選出された市民が常勤の市民院議員を務めるというものである。これは，私が論文「選挙制と抽選制」で提案したものである。

同論文によれば，こうした抽選制市民院の構想にたいしては，二つの疑問が生じるであろう。一つの疑問は「政治の素人に国政を任せてよいのか」という疑問である。この疑問にたいしては，市民院の役割を限定すれば，そうした批判を封じることができるであろう。すなわち，市民院の役割を「衆議院で法案等の審議が尽くされたかどうか」（実質的か否か），「決定が市民感覚に著しく反していないかどうか」（市民的か否か）を判断し，拒否権を行使することに限定するのである。

もう一つの疑問は「市民院議員が職業生活や私生活と両立できるのか」というものである。この疑問にたいしては，辞退の余地を認めるとともに，「市民院議員の半数（ジュニア枠）を19～22歳世代から選出し，残る半数（シニア枠）を61～64歳世代から抽選で選出」することを提案する。その際，ノウハウが伝わるように，毎年，19歳世代からジュニア枠の1/4を，61歳世代からシニア枠の1/4を選出する。こうすれば，「将来を担う若い世代の市民感覚」と「社会的経験を積んだ世代の市民感

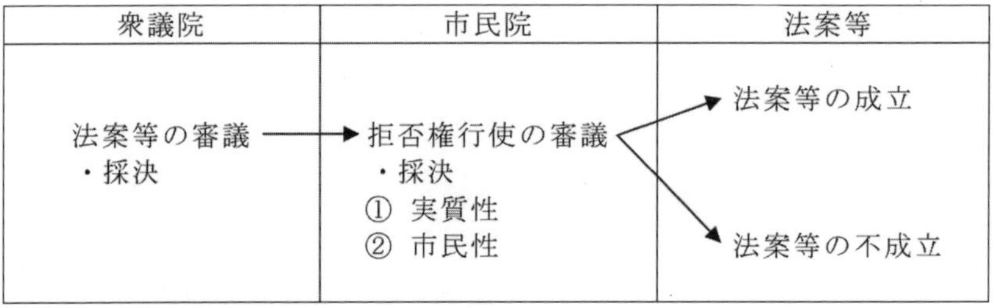

図6－1 抽選制市民院

覚」が国政に反映されるであろう（岡﨑 2019：93-95)。

市民院の役割を図示すれば，**図6－1**のようになるであろう。

(2) 抽選制議員 こうした抽選制議会を導入することは，同論文も認めているように，憲法上難しい。日本国憲法前文は「日本国民は，正当に選挙された国会における代表者を通じて行動し」と規定し，第43条第１項は「両議院は，全国民を代表する選挙された議員でこれを組織する」と規定する。地方議会についても，第93条第２項で「地方公共団体の長，その議会の議員及び法律の定めるその他の吏員は，その地方公共団体の住民が，直接これを選挙する」と規定する。日本国憲法を改正しないかぎり，抽選制市民院を導入することは不可能であろう（岡﨑 2019：95-96；選挙市民審議会 2020：71)。

それでは，日本国憲法の枠内で抽選制議会を実現することは不可能なのであろうか。そうではない。私は選挙市民審議会において，比例代表制で抽選制を活用することは可能であるとし，『選挙・政治制度改革に関する答申――市民を主体とした民主主義の確立に向けて』の「抽選制議会の可能性」という箇所を執筆した（選挙市民審議会 2020：68-77)。そこで提案したのは，次の二つの方式である。

一つは，投票率を抽選制議員の選出に生かす方法である（併用方式Ⅰ型)。現在，棄権票は議席に反映されていない。しかし，棄権票を切り捨てることに合理的な理由はあるのだろうか。むしろ，抽選で選出される議員の選出に活用したほうがよいのではないのだろうか。たとえば，投票率が60％，棄権率が40％だったとする。この場合，60％の議席は候補者名簿を届け出た政党等に配分し，40％の議席は抽選で選出される議員に割り当てるのである。

もう一つの方式は，比例代表の投票用紙にあらかじめ＜抽選＞という選択肢を用意しておく方式である（併用方式Ⅱ型）。中央選挙管理委員会が選挙人名簿から無作為抽出し，候補者になることに同意した者を＜抽選＞の候補者にする。その際，名簿順位は抽選順とする。有権者が候補者名簿を届け出た政党等に投票できるだけでなく，＜抽選＞にも投票できるようにするのである。

同答申によれば，併用方式Ⅰ型にしても併用方式Ⅱ型にしても，日本国憲法の下で導入することが可能であろう。そして，こうした抽選で選出された議員が国会内に存在するようになれば，国会審議は劇的に変わるであろう。抽選で選出された議員は，政治資金を集める必要がないため，企業・労働組合などの顔色をうかがう必要がない。また，マニフェストや党議拘束に縛られることもない。こうした議員がいれば，議会は多数決型民主主義の府ではなく熟議民主主義の府になるであろう。加えて，併用方式Ⅱ型では投票率の低下に歯止めがかかるであろう（選挙市民審議会 2020：73-77）。

この併用方式Ⅰ型と併用方式Ⅱ型を図示すれば，**図６－２**のようになるであろう。

このように，日本でも抽選制議会が検討されはじめている。こうした抽選制議会を導入することは，日本の民主主義を再生することにつながるのではないだろうか。しかし，レファレンダムの場合と同じように，賛否両論が続出するに違いない。ここでは，抽選制議会が是か非か，そ

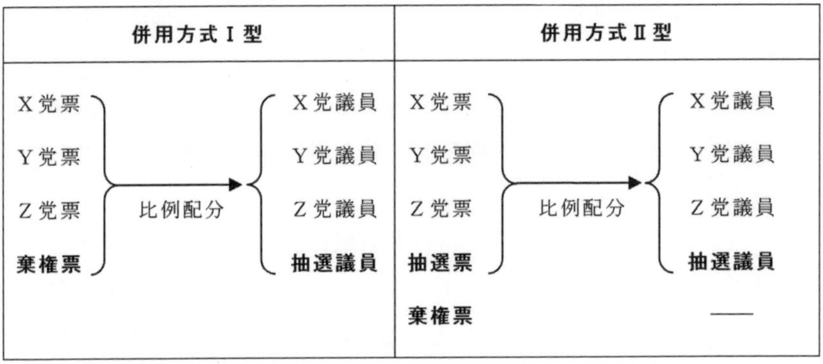

図6-2　併用方式Ⅰ型と併用方式Ⅱ型

の論拠は何か，という問いを提起するにとどめたい。そして，その是非を検討する作業は「学習課題」に回すことにしたい。第5章で学んだ論拠の検討の仕方を踏まえ，自分自身の考えを深めてほしい。

参考文献

ヴァン・レイブルック，ダーヴィッド 2019『選挙制を疑う』岡﨑晴輝／ディミトリ・ヴァンオーヴェルベーク訳，法政大学出版局。

岡﨑晴輝 2019「選挙制と抽選制」，『憲法研究』第5号，87-96頁。

選挙市民審議会 2020『選挙・政治制度改革に関する答申——市民を主体とした民主主義の確立に向けて』選挙市民審議会事務局。

Malleson, Tom 2019 “Should Democracy Work Through Elections or Sortitions?” in John Gastil and Erik Olin Wright et al., *Legislature by Lot: Transformative Designs for Deliberative Governance*, Verso, pp. 169-188.

学習課題

1．岡﨑晴輝「選挙制と抽選制」を九州大学学術情報リポジトリ（http://hdl.handle.net/2324/2557147）で入手し，抽選制市民院を是とする論拠，非とする論拠を検討してみよう。
2．総務省のウェブサイト「政治資金収支報告書及び政党交付金使途等報告書」（https://www.soumu.go.jp/senkyo/seiji_s/seijishikin/）や都道府県選挙管理委員会のウェブサイトで，政治資金収支報告書を閲覧してみよう。

7 NPO法人

田中　孝男

《目標＆ポイント》 NPO（非営利活動団体）は，社会における問題解決に重要な役割を果たしている。ここでは，いわゆるNPO法人制度を概観し，その現況・課題を簡単に見ていく。また，地域コミュニティ団体（自治会，町内会など）についても，市民自治に果たす役割を，NPO法人と対比しながら，検討する。

《キーワード》 NPO，NGO，サード・セクター，社会的企業，特定非営利活動促進法，NPO法人，認定NPO法人，一般法人，公益社団・財団法人，地域コミュニティ団体

1．市民自治と市民参加・市民活動そしてNPO

（1）市民自治における市民参加・市民活動の意義　市民自治は，社会・公共における諸課題の解決を，多様な市民が自ら主体となって行動することによって，実現する。こうした市民の行動は，①政府の諸活動に主体的に参加する形態と，②自分たちで団体を編成して自ら実践する形態に大別される。便宜上ここでは，①を「市民参加」と，②を「市民協働」と呼ぼう。

市民参加・市民協働のいずれにせよ，市民個人が一人（単独）で公共に関する自らの思いや哲学を実現させるのは，容易ではない。第9章で扱う市民訴訟（とくに住民訴訟）は一人で遂行し得る手段の一例だが，それによる市民自治・公共の実現場面は，極めて限定されている。

つまり，市民は，市民自治の充実に向け，何らかの形で，志を共にす

る友人・同志（市民）と組織（団体）を設立し協働するなどして，具体的な活動を行っていくことになる。ここでの具体的な団体編成（組織化）の実践については本書第12章（市民団体を組織する）をご覧いただきたい。この章では，こうした市民自治の実践に向けた団体（組織）として，特定非営利活動促進法に基づき設立する法人（NPO法人）制度を中心に，その概要・現況を概観し，また，伝統的な地域コミュニティ団体についても多少言及をする。なお，NPO法人制度の詳細については，本学の科目「NPOマネジメント」に委ねる（河合・大橋 2017）。

（2）市民参加・市民協働とNPO・NGO　公共に関わる市民参加・市民協働を担う組織のことを，ここでは，大まかにNPOと呼んでおこう。これは，「Non-Profit Organization」または「Not-for-Profit Organization」の略称である。公共の課題に関わる活動を行い，その際，団体の構成メンバーに対し，収益を分配することを目的としていない団体を総称する。

類似の用語に，NGOというものがある。これは，「Non Governmental Organization」のことをいう。日本における一般的語感では，国境を超えて活動する非政府・非営利の組織のことをNGOと捉（とら）えているが，国際社会の用例では，NPOとNGOの概念はほぼ一致する。例えば，日本でNPOと称する組織も，韓国ではNGOと称している（雨森 2020：6）。また，日本では，NPOをさらに狭く，「特定非営利活動促進法」に基づいて設立した法人のことに限定して用いることがある。

政府，市場（営利企業）以外の社会的部門（上記のNPOだけではなく，協同組合，共済組合なども活動する領域）を「サード・セクター」と呼ぶこともある。なお，NPO，NGO，サード・セクターの用語の意義については，（後・坂本編 2019：6－11，後房雄・坂本治也執筆）を参照してほしい（**コラム「社会的企業」**を参照）。

コラム　社会的企業

社会的な課題に取り組むことを任務とする事業体を「社会的企業」と呼ぶことがある（その内容や範囲の見解は確立していない）。この社会的企業も活動の形態・内容は，NPO・NGO と重なることがある。日本の「社会的企業」については，（山本編 2015）を参照。

市民参加・市民協働を，営利企業が実践することもありうる。しかし，営利企業の存立目的は，あくまでも利益確保（とくに株主への利益配分）である。そこで追求される公共性あるいは公益は，その企業の「営利の範囲内」にとどまらざるをえない。

また，事業活動の制約上，非営利の活動（事業）は，営利事業よりも事業運営の基盤，ことに財政上・経済上の基盤が弱い。両者を全く同じ経済上の競争環境に置いた場合に，非営利活動の維持や発展を確保するのは，大変難しい。

(3) 法人制度の必要性　団体を組織・編成してその目的をより高い次元で実現するためには，任意のサークルのような存在では十分ではない。団体が一つ（ひと）の意思を持ち，一個の権利や義務の保持者となるようにするのが適切である。このように単一の意思をもち，権利義務を保持する資格のことを「法人格」と呼ぶ。生身の人間は，生まれながらにして当然に法人格をもつが，団体は，法律に基づく制度に従って設立することによって，法人格をもつことになる。法人格をもつ団体を「法人」と呼ぶ。

NPO の存続や発展のためには，営利企業とは異なる活動原理に即した，営利法人制度とは異なる法人制度や税制を整備する必要がある。我が国では，1998年に「特定非営利活動促進法」が制定された。以下では，この法律を「NPO 法」と表示し，同法に基づいて設立した法人（正式名称：特定非営利活動法人）を略して「NPO法人」と呼ぶ。

次の節では，NPO法人制度のポイントを見ていこう（雨森 2020：74-80）。

2. NPO法人制度

(1) NPO法の制定とその目的　20世紀末ごろまでの間，協同組合，社会福祉法人，学校法人，宗教法人といった特別法に基づく法人制度のほかに，市民自治を担える民間の非営利団体を法人化する制度は，19世紀末（1898年）に制度化された「民法」に基づく公益法人制度しかなかった（補論「一般法人制度及び公益社団・財団法人制度」を参照)。だが，この公益法人制度は，税制上の優遇措置があるものの，主務官庁の厳格な指導監督に服することを要する制度であり，非営利で多様かつ活発な市民活動を法人制度から支えるものではなかった。

NPO法の制定に向けた動きは，1995年の阪神淡路大震災後に活発化したとよくいわれる。しかし実際には，1970年代以降の市民活動の活発化などにより，従来の公益法人制度にとどまらない，新しい非営利法人制度創設の機運は高まっていた。そうした背景の中，同震災前後の政治状況の下で様々な政治過程を経て，1998年3月，NPO法が制定されたと考えられる（同年12月施行）（小島 2003）[1]。その後，NPO法人の活動を促進するための様々な法改正が断続的に行われている。

NPO法は，「ボランティア活動をはじめとする市民が行う自由な社会貢献活動としての特定非営利活動の健全な発展を促進し，もって公益の増進に寄与すること」を目的とする（1条）（下線筆者)。「市民自治」における「市民」(**第2章**を参照）を法律で正面から規定するほぼ唯一の例であるといえるだろう。

(2) 対象　NPO 法による法人となり得る活動（特定非営利活動）は，保健，医療または福祉の増進を図る活動など20種類のいずれかに該当するもので，しかも，不特定かつ多数のものの利益の増進に寄与することを目的とするものをいう（活動要件)。また，団体自身が営利を目的とせず，宗教活動や政治活動もしないことが必要である（団体要件)（**図7－1**)。

(3) 法人設立手続　NPO 法人設立には，法定の必要書類（定款や役

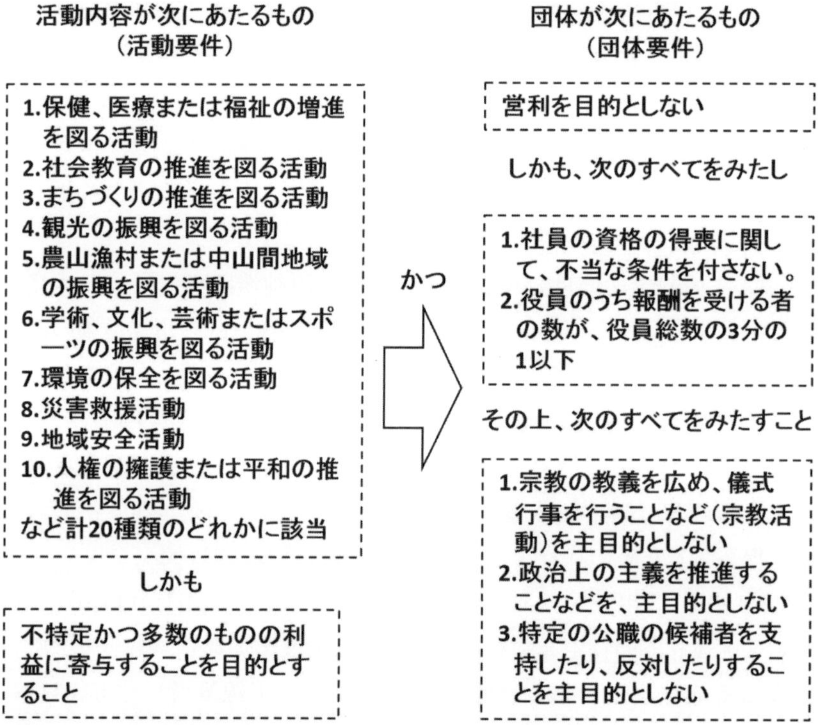

活動内容が次にあたるもの
（活動要件）
1.保健、医療または福祉の増進を図る活動
2.社会教育の推進を図る活動
3.まちづくりの推進を図る活動
4.観光の振興を図る活動
5.農山漁村または中山間地域の振興を図る活動
6.学術、文化、芸術またはスポーツの振興を図る活動
7.環境の保全を図る活動
8.災害救援活動
9.地域安全活動
10.人権の擁護または平和の推進を図る活動
など計20種類のどれかに該当
しかも
不特定かつ多数のものの利益に寄与することを目的とすること
かつ
団体が次にあたるもの
（団体要件）
営利を目的としない
しかも、次のすべてをみたし
1.社員の資格の得喪に関して、不当な条件を付さない。
2.役員のうち報酬を受ける者の数が、役員総数の3分の1以下
その上、次のすべてをみたすこと
1.宗教の教義を広め、儀式行事を行うことなど（宗教活動）を主目的としない
2.政治上の主義を推進することなどを、主目的としない
3.特定の公職の候補者を支持したり、反対したりすることを主目的としない

図7－1　NPO 法人となり得る団体の要件

出所：NPO 法等に基づき筆者作成。

員名簿など）を整えた申請書を所轄庁[2]に提出し，設立の認証を受けなければならない。申請内容が法令の規定に適合していることなど，認証基準をみたせば，所轄庁は認証をしなければならない（認証の可否に関して所轄庁に裁量は認められない）。そして，認証後，申請者が登記をすることによって，その NPO 法人は設立されたことになる（**図７－２**）。具体的な設立方法については，（堀田監修 2020）を参照してほしい。

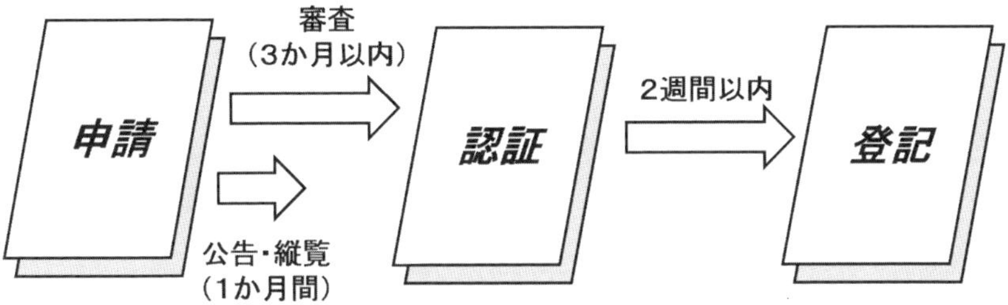

図７－２　NPO 法人の設立手続
出所：内閣府『特定非営利活動促進法のあらまし』（平成29年12月）に基づき筆者が作成。

(4) NPO 法人の活動　NPO 法人は，定款に定めた目的に従って活動することになる。ところで，NPO が法人格を取得して事業を行うためには，何より事業に要する経費に充てるための収入確保が不可欠となる。その収入確保は寄付などによるから，寄付者など関係者に，NPO の活動成果を適切に説明する必要がある。それゆえ，NPO 法に基づき，NPO 法人は，毎年度，前年度の事業報告書や貸借対照表などを作成して，これらを５年間事務所に備え付け，関係者から閲覧請求があれば，原則としてこれを閲覧させなければならない。また，これらの書類を所轄庁に提出する義務を負っている。

なお，NPO 法人の活動が非営利だとしても，物の販売等の事業をした場合，その事業から生じた収益に税が課せられることがある。

（5）認定 NPO 法人制度　既に認証されている NPO 法人が一定の要件をみたして所轄庁から認定を受けると，その NPO 法人に寄付をした人は，税制上の優遇措置を受けることができるようになる（認定期間は 5 年間）。この認定制度を認定 NPO 法人制度（認定特定非営利活動法人制度）という[3]。認定要件は諸々あるが，とくに，パブリック・サポート・テスト（PST）に関する基準（**図 7－3**）のいずれかに適合することが重要である。

【相対値基準】
・経常収入金額のうちに寄付金等収入金額の占める割合が 5 分の 1 以上であること。
【絶対値基準】
・各事業年度中の寄附金の額の総額が3,000円以上である寄付者の数が，年平均100人以上であること。
【条例個別指定】
・自治体の条例で，個人住民税の寄付金税額控除の対象となる法人として個別に指定を受けていること。

図 7－3　パブリック・サポート・テスト（PST）に関する基準

注 1）申請者は，上記のいずれかを選択する。
注 2）【条例個別指定】については，2019年 6 月30日現在で，158自治体が条例を定め，362法人が指定を受けている。
出所：内閣府ホームページ掲載の各種資料に基づき筆者が作成。

3. NPO 法人の活動の現況と課題

(1) NPO 法人と認定 NPO 法人の数　ここで，NPO 法人の活動の現状を大まかに把握しよう。まず，所轄庁の認証を受けた NPO 法人についてである。**図7-4**のとおり，近年の NPO 法人数は，50,000団体強となっている。

また，所轄庁ごとの認証法人数で見ていくと，東京都，神奈川県といった首都圏や大阪府，愛知県，福岡県といった大都市圏で多い（内閣府資料より）。また，活動分野別の法人数は，**図7-5**のとおりとなっている。福祉関係，社会教育関係，子どもの健全育成，まちづくり，文化・スポーツ等の関係団体が多い。

次に，租税上の優遇措置を受けられる認定 NPO 法人の数は，**図7-6**のように推移している。

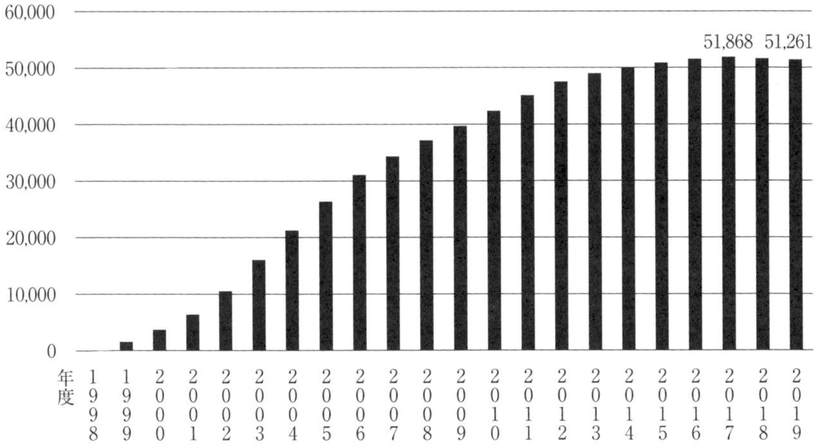

図7-4　NPO 法人の認証数（累計）の推移

注）年度末の認証数

出所：内閣府のホームページに基づき筆者が作成。

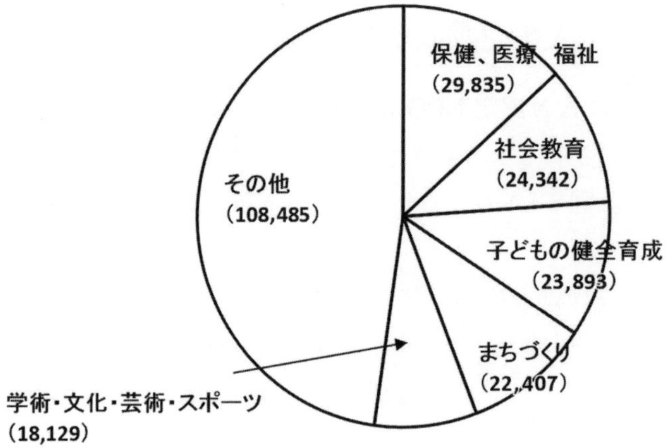

図 7－5　NPO 法人の活動分野の実態

注）2020年 3 月31日現在，51,261法人による。1 法人が複数分野の活動をすることがあるため，図中の数字の合計と法人数に相違が出ている。

出所：内閣府のホームページに基づき筆者が作成。

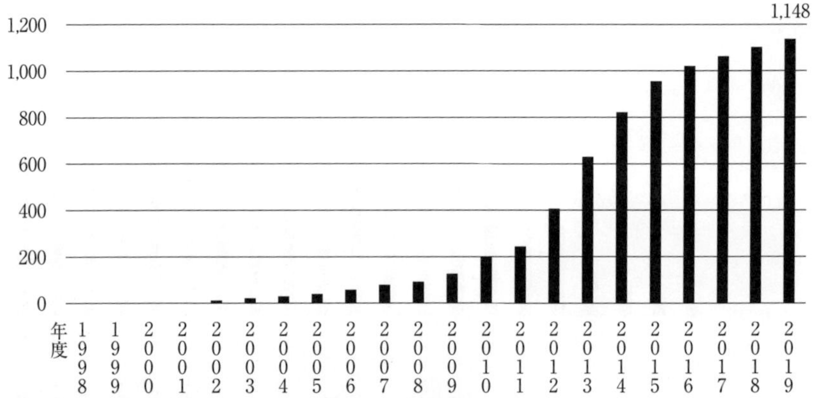

図 7－6　認定 NPO 法人数（累計）の推移

注 1 ）年度末の認定数

注 2 ）特例認定 NPO 法人（本章 <注 3 >）を含む。

出所：内閣府のホームページに基づき筆者が作成。

(2) NPO法人制度の課題　一見すると，認証数も認定数も増加してきてNPO法人が市民自治に対して積極的な役割を順調に果たしてきているように思えるが，この制度には，なお次のような課題が残っている。

まず，認証されたNPO法人の数が，2014年ごろから頭打ちとなっている。これは，新しい一般法人制度（補論「一般法人制度及び公益社団・財団法人制度」を参照）による法人設立が増えていることも影響していると考えられるが，NPO法人の解散数が相当規模にのぼることも指摘すべきであろう[4]。

NPO法人の規模はかなり小さい。ある研究によると，その4割以上は常勤職員がおらず，ボランティアの参加で事業を進めており，団体収入の7割以上を自治体からの委託や助成により賄っている（後・坂本編 2019：141－142，岡本仁宏執筆）。財政難などを理由に自治体からの助成が打ち切られ，事業が立ち行かなくなった場合も解散の中には見られるかもしれないのである。

この財政基盤に関連して，財源を自治体からの助成等に依存すると，NPO法人は行政の下請け団体となりがちとなる（現代公益学会 2018：29－31。渡辺勝也執筆）。これは，NPO法の目的（市民が行う自由な社会貢献活動の健全な発展）とは矛盾しかねない。自治体の助成のあり方が問われるだろう。

そこで，NPO法人における自主的な財源の拡充が重要であり，寄付促進を目指す認定NPO法人制度の発展が期待される。この制度は，NPO法人の立場からすると，これまでの間，次第に改善が図られてきた。その結果，先に見た**図7－6**にあるとおり，2019年度の認定NPO法人の数は，2011年度（244団体）と比べると5倍の規模となっている。ただ，この数は，NPO法人全体の2パーセントほどにすぎない。実際に認定を受けても寄付金の増加に結び付かない事例が少なくないとも聞く。それでも，認定NPO法人における寄付など民間からの支援による収入割合は一般のNPO法人より高いという実証分析もあり（後・坂本編 2019：142－143，岡本仁宏執筆），この認定制度それ自体は有意義であるといえる。むしろ，認定NPO法人への寄付と競合する自治体等への寄付の優遇税制制度につき見直しを図り，認定NPO法人への寄付誘導を，政府・自治体の政策として積極的に進めていく必要があるだろう[5]。

財政基盤の問題のほか，常勤職員の不在に見られるように，NPO法人の運営に関わる人材の確保とその充実化も，重要な課題である。これは十分な人件費を確保できないことも関連し，克服するのは容易ではない。だが，その克服はNPO法人制度の持続と発展に不可欠の課題である。

補論　一般法人制度及び公益社団・財団法人制度

NPO法の制定後，明治以来の公益法人制度は，2008年に，一般法人（一般社団法人・一般財団法人）制度に全面改訂された。民法ではなく，特別法である「一般社団法人及び一般財団法人に関する法律」（一般法人法）が，その組織・運営に関する事項を定めている。この制度は，剰余金（利益）の分配を目的としない社団及び財団について，その行う事業の公益性の有無にかかわらず，法定の手続（定款の作成などをした上での登記）をすることにより，簡便に法人格を取得できるようにしたものである。ここで，社団というのは一定の目的を持って結合した「人」によって構成される団体のことを，財団というのは特定の目的を持って結合された財産の集合体のことをいう。一般法人は，所轄庁の認証を受けるNPO法人より設立手続が簡便・容易で，組織運営についてもNPO法人より自由度が高いものといえるだろう。

一方，一般法人が，内閣府や都道府県に置かれる第三者委員会による公益性の審査（公益目的事業を行うことを主たる目的とすること等）を経て，行政庁（内閣府又は都道府県）から公益認定を受けると，公益社団・財団法人として税制上の優遇措置を受けることができる。公益認定の制度は，上記一般法人法ではなく，「公益社団法人及び公益財団法人の認定等に関する法律」に定められている。税制上の優遇措置は認定NPO法人に類似するが，公益社団・財団法人の方が認定NPO法人よりも若干優遇されている。一方で，公益認定の要件がNPO法人よりも厳格であり，この法人には事業の公益性がいわば政府側の考え方・観点から厳格に求められているものといえ，しかも，しっかりした組織運営体制を整備する必要がある。

4. 地域コミュニティ団体

ここで，自治会や町内会といった，地縁を核とした団体（ここでは「地域コミュニティ団体」という）の役割についても，簡単に触れておきたい。地域コミュニティ団体は，市民の自発的発意により組織されたものよりも，非自発的に編成されていることが多い。松下圭一の議論でいえば，農村型社会（**第1章**を参照）における官治システムの役割を色濃く残すものが多かろう（松下 2007：93－94）。

だが，防災，防犯その他各地域で生じる公共的課題について最初に取り組む組織・団体として，地域コミュニティ団体を欠くことはできない。

市民自治の一環としての市民協働（**1.（1）**を参照）は，事業（任務）単位で専門化するNPO法人（や一般法人等）が縦糸となり，地域

【事例】
行政・災害 VC（社会福祉協議会）・NPO 等による連携体制
（広島市における災害ボランティア本部の連携イメージ）

広島市では、平成 26 年 8 月の広島土砂災害の経験も踏まえ、区災害 VC の後方支援を主な目的として、行政・社会福祉協議会・NPO・ボランティア団体等が協働で運営する「広島市災害ボランティア本部」の体制が構築されています。

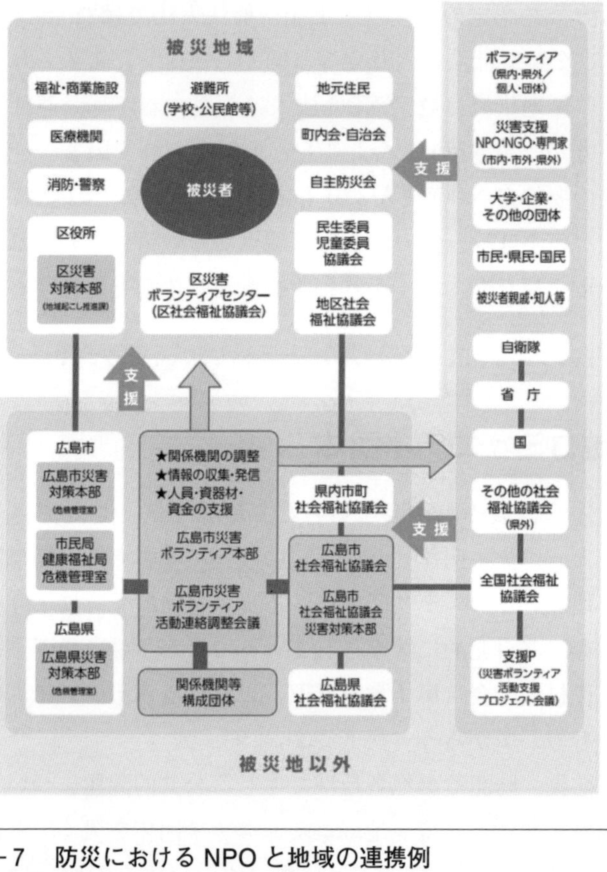

図 7-7　防災における NPO と地域の連携例

出所：内閣府『防災における行政の NPO・ボランティア等との連携・協働ガイドブック』2018年，37頁。

を面的にカバーする地域コミュニティ団体が横糸となって，さらには行政その他の様々な主体が組み合わされて展開されるべきものであろう（地域における防災を例として，**図7－7**を参照）。

5. 市民参加・市民協働の衰退？

さて，ここまでは，NPO法人の制度化などを手掛かりにして，市民参加・市民協働につき，都市型社会における連続的発展を著者の歴史観に据（す）えて，記述を進めてきた。

ただ，気がかりなこともある。町内会・自治会といった地域コミュニティへの市民の加入率が相当に下がってきているし[6]，それにとどまらず，市民社会組織や社会運動への参加の衰退・忌避といった現象も指摘されているのである（後・坂本編 2019：226－238，山本英弘執筆。同：239－251，善教将大執筆）。

このような参加の衰退現象をどのように評価分析していくのか，この現象を克服して市民参加の発展にどうつなげるか。成功事例に学び（草郷編 2018），考えていきたい。

〉〉注

1 日本のNPOの源流は戦後占領期までにさかのぼることができるとされ（秋葉 2008），また1960年代もその命脈は保たれていたとされる（秋葉 2007）。

2 NPO法人認証の所轄庁は，事務所を2つの都道府県内に置く場合は主たる事務所のある都道府県となり，1つの場合は，指定都市内に事務所を置くときはその指定都市，それ以外の場合はその都道府県となる。

3 認定NPO法人の要件はみたさないものの，認定NPO法人と同様の税制上の優遇措置を受けられる認定を1度だけ得られる特例認定NPO法人制度というものが別にある。

4 内閣府の統計によれば，2020年6月末で19,384団体が解散している。

5 とくに，返礼品目当てで膨張した「ふるさと納税制度」（自治体への寄付制度）が，認定NPO法人への寄付の阻害要因となっていないか，検証が必要である。

6 （東京都 2015：24，図表39）によれば，東京都が調査した都内の町内会・自治会への加入率は，2003年の約61％から2013年の約54％へと低下している。

参考文献

秋葉武 2007「1960年代におけるNPOの生成――市民活動の析出（上）（下）」立命館産業社会論集43巻1号・2号。
秋葉武 2008「占領期日本のNPO――「主体性」と「GHQ」（上）（下）」立命館産業社会論集44巻1号・2号。
雨森孝悦 2020『テキストブックNPO（第3版）』東洋経済新報社。
後房雄・坂本治也編 2019『現代日本の市民社会――サードセクター調査による実証分析』法律文化社。
河合明宣・大橋正明 2017『新訂　NPOマネジメント』放送大学教育振興会。
草郷孝好編著 2018『市民自治の育て方』関西大学出版部。
現代公益学会編 2018『公益法人・NPO法人と地域（公益叢書第六輯）』文眞堂。
小島廣光 2003『政策形成とNPO法』有斐閣。
堀田力監修・名越修一著 2020『自分たちでつくろうNPO法人（第2次改訂版）』学陽書房。
松下圭一 2007『市民・自治体・政治――再論・人間型としての市民』公人の友社。
山本隆編著 2014『社会的企業論』法律文化社。

学習課題

1．自分の関心のある公共的な活動をする団体が，NPO法人として認証を受けることができるかどうか，内閣府・NPOのホームページ（https://www.npo-homepage.go.jp/）を見て調べてみよう。
2．市民に対して，NPOなどによる公共的な活動へのボランティア参加を促進するためには，どのような取組が，政府や市民自身に求められるか，考えてみよう。

8 情報公開

田中　孝男

《目標＆ポイント》 政府が保有する情報を市民に公開する仕組みは，市民が公共の課題に対し適切に判断して，公共的な活動へ的確に参画するための前提となる重要な制度である。また，情報公開は，政府がそうした情報を適切に管理していることが前提となる。ここでは，情報公開制度を中心に，その理念や，市民自治実現のための具体的な請求手続・過程とその課題を検討する。
《キーワード》 情報公開，知る権利，公文書管理，情報公開法・情報公開条例，説明責任，情報提供，文書の取得・作成の義務づけ制度

1．政府情報の公開とそのための公文書管理の重要性

(1) 民主主義と情報　民主主義が正常に機能するためには，公共の課題に関して市民一人ひとりが諸々（もろもろ）の情報を知り正しく理解して，様々な政治的決定を行うことが不可欠である。つまり，公共に関する情報についての市民と政府の共有が，民主主義の土台にあるのである。この科目に即して言い換えるならば，「市民自治は民主主義の一究極形態である」から，情報は市民自治の土台になるものであると表現することができるだろう。

そのためには，政府[1]がその保有する公共の課題に関する情報（政府情報）について公開を請求する権利を市民に保障し，政府にその情報の公開を義務づける仕組みを法律（自治体の場合は条例）で定めることが必要となる。

(2) 知る権利と政府情報公開法制の整備　こうした政府情報の公開を請求する権利は，細かい議論の過程は省くが，日本国憲法第21条が保障する表現の自由に由来する，市民の「知る権利」に基づくものと考えられている（**コラム「知る権利」**を参照）。

> **コラム　知る権利**
>
> 「知る権利」という言葉は、今日では，様々な場面でそれぞれにふさわしい意味で使用されている（例，患者の知る権利）。このため，知る権利が日本国憲法で国民に人権として保障されているのか否か，これを是としてもどのように保障されるべきものなのかについては，明確なものにはなっていない。なお，最高裁判所は，50年以上前に，報道機関の取材の自由を語る文脈の中で「報道機関の報道は，民主主義社会において，国民が国政に関与するにつき，重要な判断の資料を提供し，国民の「知る権利」に奉仕するものである。……」と述べていた（1969年11月26日・博多駅テレビフィルム事件）。

政府情報の公開に関する法制化を求める市民の動きは，1970年代初期に始まる（情報公開クリアリングハウス編 2019：８-10）。松下圭一の「市民自治」論が世に登場してくる時期と重なっていることを指摘しておきたい。

国レベルにおける政府情報公開の法制度化はなかなか進まなかったが，1980年代前半には自治体レベルで情報公開条例の制定が始まり，都道府県や大規模市では1990年代半ばまでに条例の整備を終えたところが多い（中小規模市町村の条例制定はそれほどでもない）。一方国レベルでは，最先端自治体からは20年近く遅れて，「行政機関の保有する情報の公開に関する法律」（情報公開法）が1999年に制定され，2001年４月から施行された。情報公開法は国の行政機関の保有情報だけを対象としているため，独立行政法人については別途，情報公開法と同じ仕組みの法律が制定された（2001年制定，2002年10月施行）。また，情報公開法は自治体にも適用されないが，現在は，ほぼすべての都道府県・市町村・特別区が法律と同様の情報公開条例を制定している。

ところで，政府は市民個人のプライバシーに関わる情報を大量に取得・管理しており，その漏えいは市民に多大な権利侵害をもたらす。そこで，情報公開制度の整備とほぼ同じ時期に，個人情報の保護に関する制度も整備されていく（個人情報保護制度は，別に論じなければならない大きな事項のため，ここでは扱わない）。

(3) 車の両輪としての公文書管理　政府情報公開制度が正常に機能するためには，そもそも政府が必要な情報を適切に取得あるいは作成し，かつ，それを適切に管理しておかなければならない。政府組織の運営は，文書による事務処理が基本であるから，「情報の管理」とは「文書の管理」と言い換えることができる。政府の保有する文書を以下では「公文書」と呼んでおこう。

いずれにせよ，情報公開と公文書管理は密接に関連するものであって，「情報公開と公文書管理は車の両輪」という考え方は，市民側では，1990年代には広く共有されていた[2]。

(4) 公文書管理法等の成立　市民側の理解と異なり，文書管理事務は行政内部事務で市民の権利義務を規律することにはならないから法制化は不要という見解が行政部内には根強く，公文書管理に関する通則的な法律は，情報公開法制定後もしばらく制定されなかった。しかし，2000年代に入ると，消えた年金問題など，国におけるずさんな公文書管理が問題視され，「公文書等の管理に関する法律」（公文書管理法）が2009年に成立し，2011年4月から施行されたのである。

この法律によれば，国や独立行政法人の職員は，行政機関等における経緯も含めた意思決定過程やその事務事業の実績を合理的に跡づけ，または検証することができるように，処理に係る事案が軽微なものである場合を除き，文書を作成しなければならない。また，作成した文書のファイルについては管理簿を作成しなければならない。文書ファイルはあらかじめ定めた保存期間は集中管理をし，期間経過後は歴史的公文書として国立公文書館等に引き継ぐか，廃棄する。

ただ，この法律には，違反行為に関する強制的是正制度や罰則を欠くなど課題が多く，犯罪的で違法な，あるいは不適切な公文書のねつ造・廃棄事件があとを絶たない（新藤 2019；瀬畑 2018；瀬畑 2019）。また，この法律は，自治体には直接適用はされず，国の行政機関と同様の措置を講じること（つまり条例で制度化すること）を自治体の努力義務としているにとどまる。そのためか，公文書管理条例は，2019年1月時点でわずか22自治体でしか制定されていない（全自治体の約1パーセント）。自治体でも公文書の不適正管理事件は頻発（ひんぱつ）しており，市民自治に最も近い自治体当局も，実は市民自治から程遠い文書管理の感覚であることが露呈している（**コラム「なぜ法律や条例によることが大切なのか」**を参照）。今日の時点のあるべき公文書管理制度については，（日本弁護士連合会 2019）が参考になる。

コラム「なぜ法律や条例によることが大切なのか」

政府は，しばしば，法律や条例の形式にしないで内部的な取り決めでこの種の制度を設定（した振りを）することがある。しかし，市民が権利を取得したり，義務を負ったりするには，法律または条例の形式が必要になる。政府の内部取り決めにすぎない仕組みのと

> きは，政府当局がこれを不都合だからと無視しても，市民は裁判所に訴えてこれを是正することができない。知る権利を具体的なものにするためには，政府情報を請求する権利を，法律や条例によって市民に保障しなければならないのである。

なお，情報の電子化に伴って，紙ではなく電子データによって政府情報を管理することが重要になっている。そこで，1990年代以降は，政府情報の電子的な管理のあり方も問われてきている。

以下では，情報公開制度の理念を見た後，市民（請求者）の側に立って，情報公開の主要手続や，現状・課題を考えていく。市民自治では，国だけではなく自治体レベルも重要なので，国（法律）の制度を念頭に置く説明をしているが，自治体のことにも適宜触れることにする。

2. 情報公開制度の理念

情報公開法第１条の目的規定を見てみよう。

> この法律は，国民主権の理念にのっとり，行政文書の開示を請求する権利につき定めること等により，行政機関の保有する情報の一層の公開を図り，もって政府の有するその諸活動を国民に説明する責務が全うされるようにするとともに，国民の的確な理解と批判の下にある公正で民主的な行政の推進に資することを目的とする。

ここには，1.(2) で見た国民の「知る権利」は登場しない。とはいえ，「行政文書の開示を請求する権利につき定めること」が知る権利の実質化を図るものとなることは疑いなかろう。なお，自治体の情報公開条例には，「知る権利」の保障を目的規定に明記するものが，かなりの数にのぼっている。

もう一つ，「政府の……諸活動を国民に説明する責務」という表現がある。この部分は「説明責任（accountability）」を示すものと解されている。説明責任の概念は学問分野により多少異なるが，共通しているのは，説明者が説明をしたということだけでは説明責任を果たしたことにはならないことである。説明した上で，その内容につき主権者（市民）の納得を得る必要がある。納得を得られなければこの責任を果たしたことにはならない。納得を得られなければ，その者には，次の段階の責任を果たしてもらうことになる（解任や昔の切腹など）。

こうした情報公開法の理念を踏まえながら，制度の主要内容を見ていこう。請求者側から見れば，情報公開は，大まかには，①請求，②政府側の開示決定等，③開示等の実施の３段階で構成される（**図８－１**）。②の結果に対する不服を法的に解決する手続（④争訟）が②と③の間に設定されることがある。それぞれ節を改めて説明する（詳しい仕組みにつ

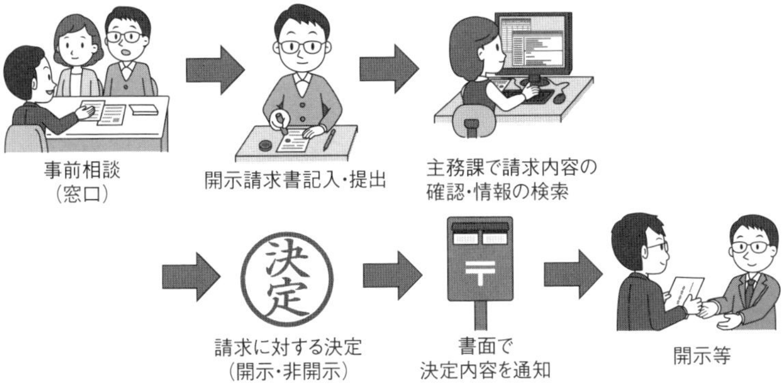

図８－１　情報公開の手続

出所：東京都のホームページ（公文書の開示請求）を参考に作成。

いては（宇賀 2018）を参照)。以下では，情報公開法・条例に基づき請求された情報を請求者に公開することを「開示」と表現する。

3. 情報公開の請求

(1) 請求者の資格と請求目的 国の行政機関や多数の自治体の情報公開制度は，何人（誰）でも利用できる。法人も請求者となれるので，例えばNPO法人が請求するときは法人名義で請求することになる。

情報公開の請求目的は，問われないことが多い。実際になされている請求の多くは，個人の身体・財産上の権利その他請求者自身の利害に直接関わるものである（企業の事業・営業活動のための請求もある)。ただし，請求目的を問わないといっても，例えば，行政の正当な業務をあえて停滞させることを企図するような請求は，権利の濫用となるので，法的には許されるものではない（7.(3) を参照)。

請求には請求者にも労力と時間を費やさせるし，相手側（政府）にもその対応に相当の負担をかける。市民自治を追求する立場からは，請求案件が，請求者の市民自治能力向上に資するものとなり，担当の職員にも達成感をもたせるような有意義なものとなることを期待したい（日下部 2018)。

(2) 目的明確化と事前情報の収集 有意義な請求のためには，何よりもまず，何のために，何を知りたいのかをはっきりさせることが大切である。その際，知りたい情報が当該政府その他の公的機関から既に自主的に公表されていないかを調べることも大事である。概括的な内容は，ウェブサイトで相当程度のことを知ることができる場合が少なくないからである。

無論，露見すると政府にとって都合が悪い情報は，まず公表されていることはないから，既存の公表事項で目的を達せない場合は，情報公開請求によることになる。

(3) 公開対象　情報公開の対象となるのは，請求先の政府において職員が職務上取得・作成した文書や電磁的記録などで，職員が組織的に用いるものとして，その政府が保有しているものである。決裁などの正式な手続を経ずに職員が執務用として保管・保存するものも，公開対象となる。職員がやりとりしている電子メールについても，その取得・保管の態様から公開対象となることが多いだろう。ただ，政府の情報隠しは，文書が存在しないとか，私的メモのため公開対象ではないといったことを理由として行われることがよくなされるので，注意が必要である。

(4) 請求書の提出　請求は，請求書を情報公開窓口に提出する方法による。電子メールやファクシミリによる請求を認める政府もある。このとき，請求書には，どのような公文書の公開を求めるのかということについて，できる限り公文書を特定して請求する。あいまいな請求だと，文書不存在とされたり，請求の趣旨からそれた文書が公開されたりして，請求が徒労に終わるおそれがあるからである。

どのような公文書が保存されているのか，たいていの政府では，文書ファイルの目録が整備されている。目録をウェブサイト上で見て，公文書を検索できることもある。最初は，この目録から目的の公文書を探すことになる。だが，目録から入手したい情報が記載されている公文書を特定することは，文書ファイルの件名が抽象的に過ぎるなどにより，実際には難しいことが多かろう。請求文書の的確な特定には，請求先政府の業務の仕組みにある程度詳しくなることが望まれる。情報公開に熱心に取り組む法律家（弁護士）に相談したり，同様の活動をする市民団体間で情報交換したりすることが有用だろう。

また，情報公開窓口には，図書館のレファレンス・サービスのように応対をする職員が配置されていることがある。こうした情報公開窓口職員とうまくコミュニケーションをとることも，自己の目的に即した情報をスムーズに得るためには必須であろう。

(5) 開示の方法と料金　請求書には，希望する情報開示の方法についても記載することが通例である。方法は，基本的には，文書の原本またはその写しの閲覧と，写し（コピー）の交付のどちらかである。電子情報社会の到来により，写しの交付を電磁的媒体により行うことができる政府もある。

なお，請求書を提出する時点で，請求手数料を支払う必要のある政府もある（国や若干数の自治体）。

4. 開示決定等

(1) 期間　請求を受けた政府は，開示の諾否等の応答（開示決定）を請求のあった日から法定の期間内に請求者に対して行わなければならない。国の行政機関の場合，その期間は30日以内であり，さらに30日以内の延長をすることができる。自治体は，国と比べると短い期間とすることが多い。とはいえ，請求から決定までには，請求者の立場からすると，かなり時間がかかる仕組みである。

(2) 第三者意見聴取　例えば，市民団体Xが，A市におけるY社への企業誘致補助金交付の決定に関する書類の公開請求をする場合，Xの請求に対してY社に意見書提出の機会が与えられることがある（この意見書提出の機会は，請求内容によっては必ず付与されることがある）。ただし，これは，第三者（事例のY社）にXの請求に対する諾否の権限を与えるものではない。

(3) 開示決定等　請求に対して全部開示するとの決定を得られればそ

れに越したことはないが，対象文書には，法律や条例で定める不開示事由（(4) を参照）が記載されている場合がある。その場合，文書の（全部）不開示決定や，不開示事由のある部分を隠した一部開示決定がなされる。請求した文書が存在しないときもあり得る。ここでは，文書不存在も不開示決定の理由の一つとして考えておこう。開示決定等は，文書によって請求者に通知される。

なお，不開示事由のある情報について，文書があるかないかを答えるだけで開示したことになるような場合，文書の有無を明らかにしないで請求が拒否されることがある（「存否応答拒否」と呼ばれる）。例えば，特定の人物に関する公立病院の入院記録を病院設置者に請求したとき，開示・不開示の決定だけでその人物の入院歴の有無がわかってしまうので，こうした場合に存否応答拒否がなされるのである。

(4) 不開示事由　情報公開の請求に対しては原則開示（公開）となっているが，個人が特定される情報や，法人・事業者の事業情報で公開するとその法人等の権利や競争上の地位に関わってくるような情報などは，請求があっても，不開示情報として開示されない。不開示事由は，法律や条例で限定的に定めているが，文言が抽象的になっていることは否めない。例えば，国の情報公開法の不開示事由には「公にすることにより，国の安全が害されるおそれ……があると行政機関の長が認めることにつき相当の理由がある情報」というものがある。「おそれ」や「相当の理由」の有無は，請求者の立場と政府の立場では，解釈が大きく異なるだろう。端的には，市民はこれらがないと思っても政府はこれらがあるとして不開示の決定をすることが十分に考えられる。

(5) 理由の記載　全部開示決定以外の決定（不開示決定，一部開示決定など）に係る文書には，あわせてその理由も記載される。理由は，請求のあった文書がどのような根拠によりどの不開示事由にあたるのかを請求者が了知できるように，具体的に記載しなければならない。理由記載に不備があれば，そのことだけで，その開示決定等は違法となる。政府側は，改めて請求に対して審査して開示決定や不開示決定等をしなければならない。

5. 開示の実施

(1) 開示の実施方法　開示決定を受けた請求については，いよいよ文書原本またはその写しの閲覧，文書の写し（コピー）の交付がなされる。政府において対応するシステムを整備していれば，電子メールによる開示を行ったり，オンライン申請に対するオンラインによる開示の実施が行われたりすることもある（この部分は，請求先の政府ごとに少しずつ違いがある）。

国の行政機関では，開示決定後30日以内に，請求者が希望する日時や公開方法を申し出てもらう。自治体の場合，国と同様の仕組みのところと，開示決定等の通知文書に既に開示の方法や日時・場所が記載されているところがある。

国の行政機関の場合，閲覧をした請求者は，一定期間以内に写し（コピー）の交付を申し出ることもできる。

(2) 手数料などの支払　情報の公開（開示）の実施に当たっては，閲覧は無料としている自治体が多いが，写し（コピー）の交付には，通常，実費相当額程度の料金支払が必要となる。政策の資料は膨大になることもあり，最初から全部写しの交付を求めると途方もない金額の支払が必要となり得る。国の行政機関のような仕組みならばこうした問題を回避できるが，最初から開示の内容やそのための手数料等が決められている自治体の場合にはそうはいかない。ただ，閲覧により開示された文書をスマホなどで写真に撮ることができたりするなど，開示の実施における運用は自治体ごとに少しずつ違っている。初めての請求のときには，情報公開窓口で，開示の実施や手数料などについても具体的に問い合わせておきたい。

6. 争訟

請求者は，請求に対する不開示決定や，一部開示決定などに対し不服があるときは，審査請求か訴訟（行政訴訟）のどちらか，またはその両方の手段によって，自己の望む請求内容の実現を目指すことができる。行政訴訟については，次章（市民訴訟）も参照してほしい。

(1) 審査請求　審査請求というのは，行政不服審査法という法律に基づいて，審査庁となる行政機関に対して，不開示決定等の取消しを求めるものである。審査庁は，審査請求に対して，認容・棄却といった裁決をする。認容裁決を得られれば，請求について改めて全部開示や一部開示の決定が行われる。

国の行政機関の場合，審査庁は，文書所管の各大臣等となる。このため，当初の不開示決定等が改められることは難しいように感じるかもしれない。だが，国における審査請求では，審査庁は，原則として総務省に設置されている情報公開・個人情報保護審査会（学識経験者等で構成される第三者機関）[3]に諮問し，その答申を踏まえて裁決をしなければならない。また，自治体の場合，審査庁は市長等の文書所管の行政機関や議会となるが，通常は，国の行政機関と同様に，各自治体で設置する第三者機関（審査会）に諮問し，その答申を踏まえて裁決がなされる。このように，完全ではないが，情報公開に関する審査請求体制は，第三者機関による審査を取り入れて，公正の確保を図ろうとしている。

なお，審査請求をすることそのものについての手数料は無料である（請求者が立証のために準備する書類の取得・作成費用は自己負担）。

(2) 行政訴訟　請求者は，不開示決定等に対し，審査請求によらず直ちに，行政事件訴訟法に基づき，不開示決定等の取消しを求めて，裁判所に対して，取消訴訟という訴訟を提起することができる。ただし，取消訴訟は，不開示決定等を取り消すだけにとどまる（開示決定を政府に義務づけるものではない）。そこで，不開示決定等を受けた請求者は，取消訴訟とともに，その請求対象文書の開示決定の義務づけを求める訴訟を併せて提起することもできる。

この訴訟の提起には，訴訟費用その他の経費を，訴訟の原告となる請求者自身が負担しなければならない。裁判に関する専門知識も必要になるので，勝訴を目指すならば，とくに情報公開訴訟に強い弁護士に訴訟委任をすることが不可欠だろう。

7. 情報公開の現状と課題

(1) 情報公開法・条例以外の制度の必要性　情報公開法・条例の手続は，請求者に裁判で権利の実現を図り得る強力な仕組みではあるが，請求者にも政府当局にも相当の負担が伴う。市民自治に有意義な情報は，できる限り低コストで，短期間に，市民の手に届くようにすることが必要である。政府が自ら積極的に電子情報形態による有意義な情報の提供をすることが望まれる。

なお，本来政府が取得・作成すべき文書を取得・作成していない場合に，その文書の取得・作成を政府に義務づけるような制度の構築も進めていかなければならないだろう。

(2) 情報公開の実績　それでは，日本の情報公開制度の運用はどう評価されるべきか。政治形態や行政の法的仕組みさらには情報公開制度が日本に類似する韓国と比較してみよう（**表８－１**）。

この表を見ると，開示等の総件数は，国レベルでは日本と韓国で同じくらい，地方は日本が韓国の約２倍となっている。しかし，韓国の人口が日本の４割程度であることを考えると，地方レベルは日韓で同数程度，国レベルは韓国が日本の約２倍の件数という評価もなし得る。

また，日本では，総じて全部開示が少なく，開示といっても一部開示にとどまることが多い。国（中央政府）レベルではそれが顕著である。情報公開請求に対して，件名や文書作成日時を除き全文が黒塗りされて文書が開示される例がしばしば報じられている（「のり弁当」と呼ばれ

表８－１　日本と韓国の情報公開の実施状況（国と自治体）

（件，％）

	日　本			韓　国		
	開示等決定数	全部開示件数	（全部開示率）	開示等決定数	全部開示件数	（全部開示率）
国（中央政府）	112,236	41,639	（37.1％）	124,102	93,991	（75.7％）
地方（自治体）	649,244	412,307	（63.5％）	339,646	293,640	（86.5％）
合計	761,480	453,946	（59.6％）	463,748	387,631	（83.6％）

出所：日本―（総務省2018a，2018b），韓国―（行政管理研究センター　2019：356，表４）より筆者が作成。

注１）日本のデータは，地方のデータが古いため2016年度の，韓国のデータは2017年のものである。ただし，日本の国の行政機関については，2019年度の件数は少し増加しているが全部開示率はさらに低下している（総件数は138,852件，全部開示は40,626件・29.3％）（総務省　2019）。

注２）韓国の教育庁の統計は，日本との比較から，地方に参入した。

注３）日本では国の情報公開対象機関に司法府と立法府が含まれない。これに対し，韓国では司法府と立法府はこれに含まれる。ただし，韓国は軍が対象機関から除かれている。日本の地方は，都道府県，市町村，特別区に限る。

注４）国・地方の事務分担の差異や，事務の民間委託の範囲の相違などから，両国の各項目が完全に対応するものにはならない。

ている)。こうしたほぼ全文が黒塗りされたものでも統計上は「一部開示」の扱いである。公開内容で比べたときの日本と韓国の落差は，公式統計上は大きい。

さらに，韓国における請求から開示決定等の法定期間は10日間である。日本（国の行政機関）の法定期間は30日だから，韓国は休日不参入の運用といわれているがそれでも大きな差があり，日本の方が劣っている。

もちろん，日韓でなされている具体的な請求内容まで踏み込めば，もう少し正確な比較研究をすることができる[4]。だが，そうした具体的な内容はどうか分からないということを考慮したとしても，わが国の情報公開制度の運用が決して誇れる水準にないことは，この比較から容易に分かるだろう。

(3) 市民自治の担い手の市民性も問われている　市民自治は，公共心を備え，自ら公共善を追求する市民像（**第2章**を参照）を必要条件としている。だが，最近の自治体における情報公開窓口の現場からは，特定の請求者から悪意があるかのような大量の請求がなされ，事務負担が過重になっているとの声が聞かれるようになった。濫用的請求などと呼ばれている。その対策のために，その種の請求を封じ込めるような制度改革・制度運用とそれを支える判例や理論研究も増加している。だが，これは，政府当局がその意に沿わない請求を濫用的請求として扱って，まっとうな請求を拒むといった恣意的な法運用を回避できない。

濫用的請求は，1980年代初期，自治体が情報公開条例を初めて制定したときから想定されていた。市民も先駆自治体も，そうした濫用的請求も覚悟しつつ，より良い運用によって市民自治の質が向上することを信じて，制度を運用し改良に努めてきたはずである。人間が創った制度は市民がよりよく創り直すことができる。「悪貨が良貨を駆逐する」制度となることのないよう，政府当局も市民を敵対視することなく，また，市民自身も高い公共心をもち共通善を目指して，情報公開の請求に臨んでほしいものである。

〉〉注

1　この章では，国（行政機関）や自治体などを「政府」と大まかにイメージしてよい。

2　政府・行政改革委員会『情報公開法制の確立に関する意見』（1996年12月16日）には，「情報公開法と行政文書の管理は車の両輪である」との表現がある。

3　審査請求が会計検査院の文書に対するものの場合は，会計検査院に置かれている会計検査院情報公開・個人情報保護審査会が諮問先となる。

4　韓国の統計と運用の留意事項に関しては，（行政管理研究センター 2019：349-352，尹龍澤執筆）を参照。

引用文献

総務省自治行政局 2018a「情報公開条例等の制定・運用状況に関する調査結果」
総務省行政管理局 2018b「平成28年度における情報公開法の施行の状況について」
総務省行政管理局 2019「平成30年度における情報公開法の施行の状況について」
行政管理研究センター 2019「諸外国における情報公開制度に関する調査研究報告書」

参考文献

宇賀克也 2018『新・情報公開法の逐条解説（第８版）』有斐閣。
日下部聡 2018『武器としての情報公開』筑摩書房（ちくま新書）。
情報公開クリアリングハウス編 2019『市民がつなぐ情報公開のこれまで，これから』（特非）情報公開クリアリングハウス。
新藤宗幸 2019『官僚制と公文書』筑摩書房（ちくま新書）。
瀬畑源 2018『公文書問題』集英社（集英社新書）。
瀬畑源 2019『国家と記録』集英社（集英社新書）。

日本弁護士連合会 2019『公文書管理』明石書店。

学習課題

1．政府当局が政策の当否に関して一方的に自己の主張をして質疑等を受け付けないといった対応をするとき，それは説明責任の観点から，どのように評価されるか，考えてみよう。
2．自分の住む自治体などいくつかの自治体のホームページにおける情報公開のコーナーを参照して，請求者がより利用しやすいコンテンツや画面等の構成をデザインしてみよう。
3．あなたがY市長に，情報公開条例に基づいて，とある文書の公開を請求したとする。ところがY市長は，期限をはるかに過ぎても一向に開示，不開示等の決定を行わない。この場合，請求文書の公開を図るために，あなたはどのような法的手段を講じることができるか考えてみよう（行政不服審査法，行政事件訴訟法の条文をよく調べること）。法律は，「e-Gov 法令検索」というウェブサイトで確認することができる。

9　市民訴訟

田中　孝男

《目標＆ポイント》 市民は，社会あるいは公共の問題について，裁判制度を通じて解決を図ることができる。ここでは，これを市民訴訟と呼び，各種制度を概観するとともに，その中でも，とりわけ住民訴訟の仕組みを学び，その限界と課題を考えていく。

《キーワード》 公共訴訟（制度改革訴訟），市民訴訟，民衆訴訟，選挙訴訟，住民監査請求，住民訴訟

1．市民訴訟の意義

(1) 裁判制度と公益の実現　市民が社会・公共の問題を解決する手段・方法には，さまざまなものがある。本章では，裁判制度（関連制度を含む）を通じて，社会・公共の問題を解決していく仕組みを見ていく。なお，裁判制度といっても，「裁判」あるいは「司法」とか「訴訟」と呼ばれるものの範囲は，それほど明確ではない。ここでは，大まかに，現在の日本の裁判所が担当している裁判制度を意味するものとイメージしておこう。なお，この章では「裁判」と「訴訟」を同じ意味で使用している。

裁判制度は，大まかには，犯罪を処罰する刑事裁判と，財産に関わる争いなどの市民個人の利害関係が問題となる民事裁判に分かれる。

純粋な民事裁判ではないが，行政機関が行った権力的な活動，例えば課税処分についても，それが違法なものであれば，その人にとっては自己の財産上の権利を行政機関によって不法に侵害されていることになる

から，裁判で争うことができる。ここでは，そうした裁判を行政裁判と呼ぶ。前章で取り上げた，行政機関の情報公開をめぐる訴訟（裁判）も，行政裁判の一種である。そして，日本の行政裁判制度は，民事裁判の手続を基本としている。それならば，日本における行政裁判は，民事裁判の特殊な一類型と考えても差し支えなかろう。

刑事裁判でも民事裁判（あるいは行政裁判）でも主に問題となるのは，事件の当事者（市民）に関わる権利利益である。刑事裁判についてはイメージしにくいかもしれないが，被告人がその意に反する刑罰を受けるか否かという点で，被告人の権利利益に関わる裁判といえる。

一方で，市民が社会あるいは公共における一般的な利益（これらを広く「公益」と呼んでおく）を，自己の権利利益とは無関係に訴え出て解決を図ることは，わが国では「法律」でとくに認められている場合（2.（1）を参照）を除き行えない。

もっとも，公益というものは，市民（個人）の私的な権利利益から完全に離れて存在しているわけではない。そこで，市民自身が裁判を通じてみずからの権利利益を実現したことが，第三者の権利利益の擁護や実現につながり，ひいては政府における新たな立法や政策の変更をもたらすといった形で，社会・公共のあり方にも影響を及ぼすといった事例も数多く見られる（1.（2）を参照）。

（2）制度改革訴訟・公共訴訟　アメリカでは，1950年代に公立学校における黒人と白人の別学を解消する訴えが連邦最高裁判所で認められてから，「公的な制度・組織による広範な権利侵害からの救済を主張して，その抜本的な改善を求める制度改革訴訟，すなわち公共訴訟」（川嶋 2016：9）が，頻繁に提起されるようになった。制度改革訴訟・公共訴訟に関する学術的な研究も進んでいった。

日本とアメリカとでは法制度・裁判制度が異なるから，アメリカと同じ仕組みとはいえないが，日本でも，このような制度改革訴訟・公共訴訟は，相当以前から実際に提起されてきた。四大公害裁判（政野 2013；宮本 2014：235-337）は，その典型例といえるだろう。裁判所の判決・判断が，法制度の整備を進めたり，社会の改革を促したりすることは，今日よく見られることである。

また，当事者である市民の権利義務が問題となっている具体的な刑事事件・民事事件にあっても，争点となっている法律の内容やその執行が憲法の規定に違反しないかどうかを判断することが法解釈上必要となる場合もある。日本の裁判所は，法律の憲法適合性も審査し得るから（違憲立法審査権。日本国憲法第81条），裁判で，法律が憲法違反と判断される例も，若干数存在する。こうした法律の憲法適合性が争点となっている裁判を憲法裁判と呼ぶならば，憲法裁判は，制度改革訴訟・公共訴訟の最たるものであるといえよう。

(3) 市民訴訟　「市民自治」を実現するために行われる訴訟を，この章では，広く「市民訴訟」と呼ぶ。これは，公式な制度の名称ではなく，市民自治実現という目的から制度を捉（とら）えるために本書で独自に使用する言葉である。

1. (2) の制度改革訴訟・公共訴訟は，まさに，市民自治実現のための「市民訴訟」の一形態である。前章の情報公開をめぐる訴訟も，政策的な情報の公開が争点となる点で，「市民訴訟」の重要な一翼を担っている（情報公開クリアニングハウス編 2019：282-333）。

また，制度改革訴訟・公共訴訟は，民事裁判（行政裁判を含む）・刑事裁判の種類を問わずに見られる。さらに，民事裁判の場合は，当事者が市民（原告）対政府（被告）ではなく，原告も被告も民間ということもある。原子力発電所事故における被害者と電力会社との間で展開された民事裁判を想起してほしい（添田 2017）。

本章で考える市民訴訟は，もう少し範囲を絞る。すなわち，公益実現のために市民が，自己の権利利益とは直接的な関係のない事項について，政府を相手方として遂行する裁判制度（訴訟制度）を，考えていく。なお，第８章の情報公開に関する行政訴訟は，情報公開請求権という請求者の個人的権利が争点となる訴訟であるため，以下では取り上げない。

2．民衆訴訟・選挙訴訟・住民訴訟

(1) 市民訴訟としての民衆訴訟　日本の裁判制度では，市民は，自己の権利利益に全く関係ない事項を裁判で争うことは，原則としてできない。ただ，法律に特別の定めがあれば，「国又は公共団体の機関の法規に適合しない行為の是正を求める訴訟で，選挙人たる資格その他自己の法律上の利益にかかわらない資格で提起する」裁判を提起できる。これが，行政事件訴訟法第５条の民衆訴訟である。

民衆訴訟の代表的例には，選挙訴訟と住民訴訟が挙げられる。

(2) 選挙訴訟　選挙訴訟は，公職選挙法という法律によって設けられた特別の訴訟で，選挙の効力を争うものなどが法定されている。衆議院・参議院選挙の選挙区における投票の一票の価値が不平等だとして選挙ごとに提起されている憲法裁判があるが，この裁判は，国会議員の選挙区の定数配分が憲法違反のままなされた選挙を無効であるとして争う。裁判の手続としては，この選挙訴訟によって遂行されている。

選挙訴訟は，民主主義の基礎をなす選挙制度の公正を図るためにとても大事であり，公益の実現，というよりもむしろ公益侵害の是正に有益なものである。選挙訴訟は，市民自治実現の一手段ということができるだろう。

(3) 住民訴訟　市民自身が裁判を通じて，自治体（都道府県や市町村，特別区などのこと）が行っている特定の政策に対して何らかの是正をなし得る制度が，住民訴訟制度である。詳しくは，次節以下で扱う。

3. 住民訴訟制度の概略と導入の経緯・目的

(1) 住民訴訟の大まかな仕組み　まず，住民訴訟の大まかな仕組みを見ていこう（図９－１）。

市民は，その居住する自治体で行われている公金の支出や財産の管理など（まとめて「財務会計行為」という）について，違法または不当であると思ったときは，まず，各自治体に置かれている監査委員に監査を請求する（地方自治法第242条）。これを，「住民監査請求」という。監査委員は，請求の対象となった財務会計行為について監査を行う。監査の結果，違法または不当な財務会計行為に対して監査委員は，何らかの勧告をしなければならない。

住民監査請求をした市民は，上記監査委員の監査結果に不服があるときなどには，違法な財務会計行為について，その是正を求めて裁判所に提訴することができる（地方自治法第242条の２）。これを「住民訴訟」という。

(2) 住民訴訟制度創設の経緯と制度の目的　住民訴訟は，1948年に，

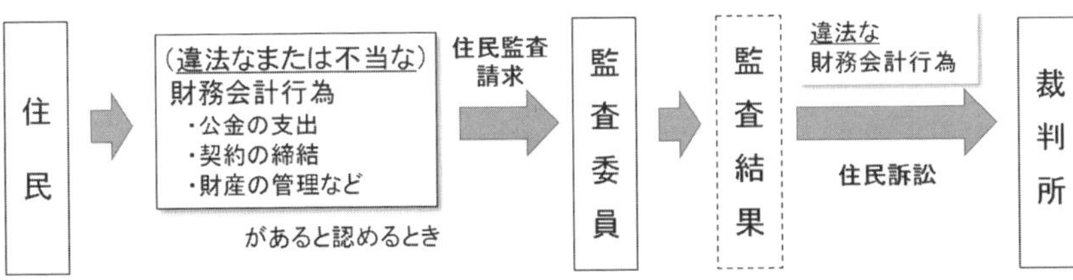

図９－１　住民監査請求・住民訴訟の大まかな仕組み
出所：総務省の資料を参考に田中孝男が作成。

GHQ（連合国軍総司令部）の要請により，アメリカのtaxpayer‘s suitsにならって，「納税者訴訟」として導入された。次に1963年の法改正により，納税者訴訟制度は（現行に近い）住民訴訟として制度化された。

この制度の目的について最高裁判所は，「地方自治の本旨に基づく住民参政の一環として，……地方財務行政の適正な運営を確保することを目的としたもの」と述べている（1978年３月30日判決)。

4. 住民監査請求の概要

(1) 請求権者　住民監査請求は，その自治体の住民であれば誰でも，しかも一人だけでも提起することができる。その自治体に住所（＝生活の本拠）があれば，選挙権の有無は問わない。外国人でも未成年者でも提起できる。また，法人も住所地（会社なら本店登記地）の住民として，その自治体の住民監査請求を提起できる。

(2) 対象　住民監査請求の対象は，違法または不当な財務会計行為である。財務会計法規に違反する場合（違法）のほか，違法とはいえなくても地方財務行政の適正確保という点からは最適・最善でないもの（不当）も是正対象である。

自治体の政策（事務・事業）の執行は，公金の支出など，何らかの財務会計行為を伴うことが多い。そこで，財務会計行為に先立つ行為（先行行為）が違法または不当で，その結果が財務会計法規からも違法または不当となるときは，住民は，先行行為の違法・不当を原因として住民監査請求を提起し，是正を図ることができる。

(3) 請求期間　住民監査請求は，原則として，監査対象の財務会計行為が終わったときから１年以内に提起しなければならない。

(4) 請求先，請求手続と費用　住民監査請求はその自治体の監査委員

（**コラム「監査委員」**を参照）に対して，請求人により，文書をもって行われる。請求の際，違法・不当な財務会計行為であることを証する書面も添付する必要があるが，これは新聞記事程度のものでよい。情報公開請求により市民が入手した資料が，この住民監査請求の証拠書類となっていることもよくある。

請求人は，住民監査請求の手続をするときに手数料など特別な費用を自治体に支払う必要はない（住民監査請求のために，情報公開請求などをして資料を入手する場合の費用は，自身で負担する必要がある）。

コラム　監査委員

都道府県や市町村には，法定数で2名または4名（増員も可）の監査委員が，また，そのスタッフとして事務局（あるいは書記）が置かれている。監査委員は，その半数が議会の議員（議選委員）であり，残りは識見を有する者（識見委員）から，自治体の長が議会の同意を得て選任する。自治体が条例を定め議選委員を置かず識見委員に代えてもよい。識見委員には，弁護士，公認会計士らのほか，人数に制限はあるが自治体職員OBが選任され得る。

なお，監査委員の職務は，決算の審査や，各部局への定期的な監査などであるが，住民監査請求に基づく監査も重要な職務の1つである。

(5) 監査の実施とその結果　監査は，監査委員[1]が実施する。その方法は，関係部局の帳簿，書類等の検査など一般になされる財務監査と大きくは異ならないが，加えて，請求人に陳述や証拠提出の機会を与えなければならない。

監査の結果は監査委員の合議により決せられる。監査委員は，請求に理由がない（棄却）とするか，請求に理由があるとして関係機関に勧告を行うかを判断する[2]。監査委員には違法・不当な財務会計行為に対する直接的是正権限がないため，財務会計行為の責任者（具体的には長のことが多かろう）に対する勧告という仕組みが採用されている。監査結果は，請求人や関係機関（勧告の場合）に通知され，同時に公表される。

5. 住民訴訟制度の概要

(1) 原告の資格（原告適格） 住民訴訟は，住民監査請求を適法に提起した市民が提起できる。これを「監査請求前置主義」という。

(2) 住民訴訟の対象 住民訴訟の対象は，違法な，すなわち財務会計法規に違反している財務会計行為である。

(3) 出訴期間と管轄裁判所 住民訴訟は，監査結果の通知を受けた日から30日以内などかなり短い期間のうちに，地方裁判所に提訴しなければならない。

(4) 訴え（請求）の種類 住民訴訟の請求は，つぎの4種類である（法令上の表現を一部分かりやすく変更している）。

① その財務会計行為の全部または一部の差止めの請求

② 行政処分である財務会計行為の取消しまたは無効確認の請求

③ 債権管理を怠る事実の違法確認の請求

④ その財務会計行為（怠る事実を含む）の実質的責任者の職員やその相手方に対して，損害賠償請求や不当利得返還請求をすることなどを，その自治体の長（都道府県知事，市町村長など）に求める請求

実際の住民訴訟では④が最も多いが，これは少しわかりにくい。次の例でイメージをしてほしい。

住民訴訟④の例：Y県の違法支出1億円の責任者がA部長であったとする。④の訴えでは，原告X（Y県民）が，Y県知事を被告として，Aに対して1億円の損害賠償請求をせよとの判決を求める（住民監査請求を経てから）。

6. 住民訴訟の現況

(1) 住民訴訟の現況　地方自治制度を所管する国の総務省は，全国の都道府県・市区町村に各種行政活動に関わる調査を2年または3年に一度行い，その結果を『地方自治月報』として発表している。ここでは，最新の『地方自治月報』から2016年度と2017年度の2年間における住民監査請求・住民訴訟の提起状況等を紹介する（**表9－1；表9－2**）。

これらの表から，大まかに，次のことを指摘することができる。

第1に，住民監査請求は年平均で約750件，住民訴訟は約250件提起されている。住民訴訟となるのは住民監査請求の3分の1程度である。つまり，財務会計行為の是正にとって住民監査請求がいかに大切であるかがわかるだろう。ただ，この請求・提訴数は，10年ほど前と比べると，ともに，2割近く減少している。

表9－1　住民監査請求の提起状況（2016・2017年度）

（単位：件）

	監査請求の件数	取下げ	却下	棄却	勧告	合議不調等
都道府県	294	11	150	116	3	10
市区町村	1,221	26	579	527	41	5
合計	1,515	37	729	643	44	15

出所：総務省『地方自治月報』59号から田中孝男が作成。

表9－2　住民訴訟の提起状況（2016・2017年度）

（単位：件）

	住民訴訟の件数	請求却下	請求棄却	原告勝訴	係争中等
都道府県	173	9	40	14	110
市区町村	339	35	103	12	189
合計	512	44	143	26	299

※原告勝訴には一部勝訴を含む。
出所：総務省『地方自治月報』59号から田中孝男が作成。

第2に，住民訴訟は，都市部・都市圏に偏在するものではない。小規模町村で大量に住民監査請求が提起されることもままある。

第3に，住民監査請求の勧告率は極めて低い（約3％）。市民側に違法支出の厳格な立証が要求される住民訴訟の原告勝訴率が約10％であるのと比べると，住民監査請求が適切に運用されているのか疑われる数字ともいえる。

(2) 住民訴訟の一例（新幹線駅建設起債差止め住民訴訟）　住民訴訟で市民が勝訴する事案は，政務活動費や職員の給与・手当，カラ出張などに関するものや，談合や不正工事に関わるものが多い。それらが，自治体行政の適正化に役立ったことは疑いないが，市民自治の文脈では，スケールがやや小さい取り組みといえよう。一方，補助金の支出など，政策判断の当否が主な争点の住民訴訟事件では，行政の裁量が裁判所にかなり安易に認められてしまい，市民が勝訴することは大変難しい。もちろん，そうしたときでも事件が契機となって，事件後に全国で制度やその運用の改革が行われることが多少はある。また，次の例のように，住民訴訟の市民勝訴判決によって重要な事業がストップすることもある。住民訴訟という裁判制度があることそれ自体が，公益実現に一役果たしているといえよう。

新幹線駅建設起債差止住民訴訟：A 市が道路建設事業費の名目で，43億円余りの地方債の起債を予定していたところ，それが実は新幹線の新駅建設費用の財源のためであるとして，その差止めが請求された住民訴訟で，市民の訴えが認められた（大津地方裁判所2006年９月25日判決。高等裁判所，最高裁判所でも維持）。

(3) 住民訴訟と法律家の重要性　住民訴訟は一般の市民が提起する仕組みではあるが，裁判によるものであるから，法的知識に長じていなければ，自治体の機関に対して市民が勝訴判決を得ることは難しい。成果を上げるためには，市民と法律家（弁護士）が，協働して住民訴訟に（できれば住民監査請求も含めて）取り組むことが大事である。金額が妥当かどうかは問題があるものの，市民が住民訴訟で勝訴した場合には，弁護士報酬（の相当額）を自治体当局に請求することができる。

7．住民訴訟制度の限界と課題

もっとも，住民訴訟にも限界や課題があるので，注意が必要である。

(1) 限界：裁判所は「違法性の有無」を判断するだけ　裁判所はその財務会計行為を不当と認定しても，違法でなければ市民に対して勝訴判決を下せない（実際，不当に高い賃借料であることを認めながら，違法ではないとした判決がある）。住民訴訟による財務会計行為是正機能は，「不当」に及ばないことから限定的なものにならざるを得ないのである。

(2) 課題１：住民訴訟が政治手段化するおそれ　国では，2019年末から内閣総理大臣主宰の「桜を見る会」が政治上の問題となった。類似のことを自治体の長が行った場合，その支出は当然に住民訴訟の対象となる。そうすると，自治体では，桜を見る会（と同様の会合）での支出について，法的な問題とは別に，政治闘争の手段として住民訴訟を利用することが，制度的には可能ということになる。だが，(1) のように，その支出（財務会計行為）は違法でないという自治体当局側勝訴判決が確定してしまうと，問題であるのに判決で勝ったと不適切な御墨つきを与えかねない。一方で，市民個人の身体の自由や財産権などを守る裁判を本来の任務とする裁判所の人的・物的なリソース（資源）をそうした政争型裁判に過分に配分しなければならなくなると，それは濫訴とはいえないと思われるが，裁判制度そのものが公正・公平を疑われ，さらに裁判所の実務が疲弊していくおそれもある。

(3) 課題２：住民訴訟の機能を減殺する法改正　逆に，住民訴訟の意義を減殺するような，つまり自治体当局やその関係者を利する法制度改革が近年，着々と進められたことも指摘しておかなければならない（阿部 2015)。とくに，2020年４月実施の法改正では，違法な財務会計行為を行ったとしても，ごくわずかの賠償をすれば責任者である職員は免責されるという制度が導入された（田中 2017：40-41)。自治体当局が新制度を悪用すれば，住民訴訟制度は実質的に死に追いやられてしまう。市民訴訟の一翼を担う重要な裁判制度が機能しなくなることは市民自治の危機ともいえる。住民訴訟制度は大きな岐路に立っている。

8. 公金検査請求・国民訴訟制度の必要性

市民自治は，自治体レベルだけではなく国政レベルでも実現すべきものである。そこで，住民訴訟の機能に着目するならば，**7.** で述べた限界や課題はあるものの，それでもなお住民訴訟の仕組みを国の行政レベルにも導入すべきという考え方がより重要な政策課題となってよい（**コラム「公金検査請求・国民訴訟制度」**を参照）。

コラム　公金検査請求・国民訴訟制度

自治体における住民訴訟制度と同様に，会計検査院に対して国民が公金検査請求を行い，検査に納得できない場合にさらに裁判で争う制度（国民訴訟制度）の導入が，2005年に日本弁護士連合会から提案されている。2010年代以降に続発する国の行政機関における財務上の不祥事を考えれば，市民自治の手段としてはもちろんのこと，国の財務規律の正常化のためにも，こうした制度の創設が本当に急がれる状況になってきているといえよう。

〉〉注

1　自治体は条例を制定することで裁量的に，監査委員による監査に代えて，公認会計士などの外部監査人による住民監査請求監査を行える仕組みを設けることができる。すべての都道府県と指定都市，それに大部分の中核市は，この外部監査人による住民監査請求監査制度を導入している。ただし，これは，請求人が外部監査人によることを請求し，かつ，監査委員がこれを認めたときに限られるため，実際に外部監査人による監査がなされることは，ごく稀である。

2　請求人がその自治体の住民ではない場合など，請求が住民監査請求を提起できる要件をみたしていないときは，監査は行われない。実務的には，これを「却下」あるいは「不受理」と呼んでいる。

引用文献

阿部泰隆 2015『住民訴訟の理論と実務——改革の提案』信山社。
川嶋四郎 2016『公共訴訟の救済法理』有斐閣。
情報公開クリアリングハウス編 2019『市民がつなぐ情報公開のこれまで，これから』（特非）情報公開クリアリングハウス。
添田孝史 2017『東電原発裁判——福島原発事故の責任を問う』岩波書店。
田中孝男 2017『《平成29年改正》住民監査請求制度がよくわかる本』公人の友社。
政野淳子 2013『四大公害病』中央公論新社（中公新書）。
宮本憲一 2014『戦後日本公害史論』岩波書店。

参考文献

井上元 2019『住民訴訟の上手な活用法』民事法研究会。
河合弘之 2015『原発訴訟が社会を変える』集英社（集英社新書）。

学習課題

1. 個人が自らの権利義務について争っている裁判事件のうち，制度改革訴訟・公共訴訟にあたるものを，報道から数件ひろい出して，裁判結果やどのような制度改革を促したのかを検証してみよう。
2. 全国の市民団体である市民オンブズマンが住民訴訟を活用してどのような公益実現に尽くしているか，調べてみよう。
3. 住民訴訟が契機となって制度改革が行われた事例を，新聞などから，調べてみよう。

10 裁判員裁判

岡﨑　晴輝

《目標＆ポイント》 本章では，裁判員裁判の具体的イメージを膨らませることを目的としたい。裁判員制度は，司法における市民自治の重要な制度である。最高裁判所事務総局『裁判員制度10年の総括報告書』などを踏まえ，また主任講師の裁判員経験を踏まえ，裁判員に選ばれたときの具体的イメージをつかめるようにしたい。加えて，なぜ裁判員裁判が重要なのかも理解できるようにしたい。

《キーワード》 裁判員，裁判官，裁判官教育

1．裁判員制度

2009年5月，裁判員制度が施行された。重大な刑事事件では原則として，裁判官3名と裁判員6名が合議体を形成して裁判員裁判を実施することになったのである。ここで重大な刑事事件とは，殺人，強盗致死傷，傷害致死，危険運転致死，現住建造物等放火，身の代金目的誘拐，保護責任者遺棄致死，覚せい剤取締法違反などである（最高裁判所ウェブサイト「裁判員制度」）。これらに該当する刑事事件であっても，裁判員等に危害が及ぶ恐れがある場合や長期裁判になりそうな場合には，裁判官だけで裁判を行うこともできるが，重大な刑事事件では原則として，裁判官3名と裁判員6名からなる合議体が有罪か無罪か，有罪であるとすればどのような刑にするかを決定するのである。

この点で，裁判員制度は，陪審制度や参審制度とはやや異なっている。アメリカやイギリスなどで採用されている陪審制度では，裁判員制度と

同じように，事件ごとに陪審員が無作為抽出で選任される。だが，裁判員制度とは異なり，陪審員のみで有罪無罪を判断し，陪審員は量刑を判断しない。他方，ヨーロッパ大陸諸国で採用されている参審制では，裁判員制度と同じように，参審員は裁判官と共同で，有罪無罪だけでなく量刑も判断する。だが，裁判員制度とは異なり，事件ごとに選任されるわけではなく，また無作為に抽出されるわけでもない（**表10-1**）。

裁判員制度は2019年5月に施行10周年を迎え，数多くの市民が裁判員を務めてきた。そして裁判員経験者は，みずからの経験を積極的に社会に発信してきた（例えば，飯／裁判員ラウンジ編著 2019；大城ほか 2019；牧野ほか編 2020）。かくいう私も，裁判員を務めたことがある。しかも，現役の法学部教授のまま裁判員を務めるという得がたい経験であった。この章では，最高裁判所事務総局『裁判員制度10年の総括報告書』（2019年）などに加え，私の裁判員経験を踏まえ，裁判員制度について考えていくことにしたい。

表10-1　陪審制度・参審制度・裁判員制度

	陪審制度	参審制度	裁判員制度
裁判官関与	陪審員のみ	裁判官と共同	裁判官と共同
有罪無罪	判断する	判断する	判断する
量刑	判断しない	判断する	判断する
任期	事件ごと	任期制	事件ごと
選任	無作為	団体等推薦等	無作為

出所：最高裁判所ウェブサイト「裁判員制度」から作成。

2. 裁判員裁判の実際

(1) 裁判員等の選任　流れに沿って，裁判員裁判の実際を概観しよう。毎年秋，地方裁判所ごとに翌年の裁判員候補者名簿が作成され，名簿に記載された者に通知される。この段階では，あくまでも裁判員候補者である。「明らかに辞退が認められる」者を把握するために「調査票」が同封される。「裁判員になることを辞退できる場合」や「裁判員になることができない職業」を記入し，裁判所に提出することができる。裏面には「辞退を希望する月」を記入する欄もあり，「仕事上の理由」等で裁判員を務めるのが難しい時期を裁判所に伝えることができる。

そして，事件ごとに裁判員候補者が抽選で選出され，呼出状が原則として6週間前までに裁判員候補者に郵送される。質問票が同封されており，それに答えて返送すると，辞退が認められることもある。実際には，個別の裁判員候補者の多くが辞退を認められている。2017年の辞退率は66.0%に上った（最高裁判所事務総局 2019：3，31)。辞退を認められた者を除く裁判員候補者は裁判所に出頭しなければならないが，出席率は必ずしも高くはない。正当な理由なく出頭しなかった場合には10万円以下の過料に処せられることがあるが，2017年の出席率は63.9%にとどまり，36.1%の裁判員候補者が無断欠席している（最高裁判所事務総局 2019：3，31)。辞退率や欠席率が高くなれば，裁判員の構成に偏りが生じることは否めない。現状では「お勤めの方の割合がやや高く，60代以上の方及び女性の方の割合がやや低い」が，それほど深刻ではないようである（最高裁判所事務総局 2019：2)。

さて，裁判所に出頭した段階でも，依然として裁判員候補者である。ここで再び無作為抽出されて初めて裁判員になるのである。裁判所では，裁判員制度と事件の概要が知らされた後，裁判官・検察官・弁護人が裁

写真10-1　質問手続室
出所：最高裁判所ウェブサイト「裁判員制度」。

判員候補者に個別又は集団で面接を行い，正当な辞退理由のある候補者を除外する。また，検察官も弁護人も４名まで，理由を示さずに除外することができる。残った裁判員候補者のなかから，裁判員６名と補充裁判員数名が無作為抽出される。この裁判員６名と補充裁判員数名が裁判官３名とチームを組んで数日間の裁判員裁判に臨むのである。それ以外の候補者は，ここで御役御免ということになる（**写真10-1**）。

(2) 審理　裁判員裁判は，裁判長の指揮の下，おおむね次のように進む。裁判員の負担を軽減し，迅速な裁判を可能にするために，公判が始まる前に，裁判官・検察官・弁護人があらかじめ争点や証拠を絞り込んでいる（公判前整理手続）。法廷での審理では，被告人に氏名・住所・職業などを尋ねた（人定質問）後，検察官が起訴状を朗読する。裁判長が被告人に黙秘権があることを説明した後，被告人・弁護人が起訴事実

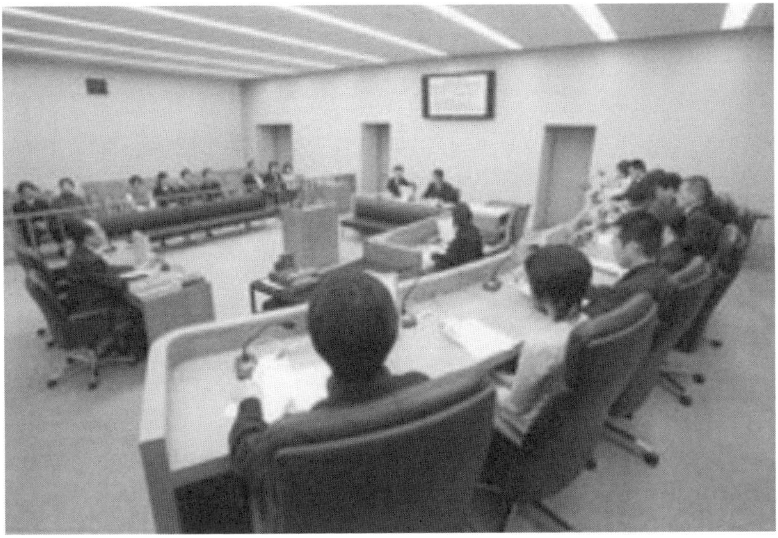

写真10‑2　法廷

出所：最高裁判所ウェブサイト「裁判員制度」。

を認めるか否かを答弁するのである（罪状認否）。

こうした冒頭手続の後，本丸である証拠調べ手続に移る。検察官は，証拠によって立証しようとする事実を明らかにした後，個々の証拠の取調べを請求する。それが認められると，様々な証拠書類や証拠物を閲覧したり，証人や被告人に質問したりするのである。被告人側も，同様に証拠調べを請求し，証拠調べを行う。こうした証拠調べを通じて，裁判官や裁判員は，起訴事実に関する自己の判断を作りあげていくのである（心証形成）。

最後に弁論手続に入り，検察官が論告・求刑を行い，弁護人が弁論，被告人が最終陳述を行うのである（**写真10‑2**）。

(3) 評議・評決　審理終了後，評議へと進む。評議は，公開の法廷ではなく非公開の評議室で行われる（**写真10‑3**）。裁判長の指揮の下，起

写真10-3　評議室
出所：最高裁判所ウェブサイト「裁判員制度」。

訴状を一文ごとに検討し，証拠によって立証されているか否かを確認していく。あたかもゼミナールで古典を精読するかのように，厳密な検討が加えられていくのである。このように言うと，評議は裁判員には荷が重いのではないか，と危惧する人もいるかもしれない。しかし，裁判員等経験者へのアンケート調査によると，評議はかなりうまくいっているようである。2018年の場合，評議が「話しやすい雰囲気だった」と回答した者は79.5%に上り，「普通」は18.3%，「話しにくい雰囲気だった」と回答した者は1.5%，不明は0.7%にとどまった（最高裁判所事務総局 2019：45)。「評議における議論の充実度」についても，「十分議論ができた」と回答した者は77.5%に上り，「不十分だった」と答えた者は5.7%，「わからない」と回答したものは15.5%にとどまったのである（不明は1.3%）（最高裁判所事務総局 2019：46)。

評議を尽くした後，いよいよ評決に入る。まず，被告人が有罪か無罪かを決定する。全員一致が目指されるが，意見が一致しない場合には，多数決で有罪・無罪を決定する。その際，有罪と決定するためには，次の二つの要件を満たさなければならない。第1に，裁判官3名と裁判員6名の過半数，つまり5名以上が有罪としていること。第2に，裁判官1名以上，裁判員1名以上を含んでいることである。

次に，有罪の場合には，量刑検索システムを参照しつつ，刑の量定をする。量刑検索システムには過去のデータが蓄積されており，同じような事件の場合，どのような量刑になっているか，分布が示されている。ここでも全員一致が目指されるが，意見が一致しない場合には，多数決で量刑を決定することになる。量刑の重いほうから順番に検討し，次の二つの要件を満たすまで続けるのである。第1に，裁判官3名と裁判員6名の過半数，つまり5名以上を含んでいること。第2に，裁判官1名以上，裁判員1名以上を含んでいることである。

例えば，裁判官・裁判員の判断が**表10-2**のようになった場合，懲役7年では，第1の要件も第2の要件も満たしていない。懲役6年では，第2の要件は満たしているが，第1の要件は満たしていない。懲役6年に賛成するであろう者は，裁判官1名と裁判員3名の計4名にすぎないからである（懲役7年を主張していた裁判員1名も懲役6年に賛成するだろうと判断するわけである）。そして懲役5年では，第1の要件も第

表10－2　刑の量定

	裁判官	裁判員
懲役7年	―	1名
懲役6年	1名	2名
懲役5年	2名	3名

2の要件も満たし，懲役5年ということになる。

こうした評議・評決で裁判員の果たす役割は，法廷での審理以上に大きい。全般的なことは第3節に委ねることにし，次の点を指摘しておきたい。裁判官は全国を異動しつつ昇進するため，土地の言葉に詳しくない可能性が高い。しかし，その土地のニュアンスがわからなければ，証拠を正しく解釈できない場合がある。たとえば，被告人Xと被告人Yが被害者Zを「くらす」（福岡地方の方言）ことを共謀した場合，それが痛めつける程度のものなのか，それとも死んでもかまわないほど強いものなのか，裁判官ではわからない可能性が高い。しかし，この言葉の解釈は，評議・評決にとって決定的に重要でありうる。ここで重要な役割を果たすのが，その土地で育った裁判員である。裁判員がいれば，合議体は「くらす」という言葉のニュアンスを正しく解釈することができるであろう。

(4) 判決宣告　さて，こうした評議・評決に基づいて，裁判官が判決文を作成する。左陪席（法廷で裁判長の左手側に座る若手の裁判官）が判決文を起案し，右陪席（法廷で裁判長の右手側に座る中堅の裁判官）と裁判長が手を加える。この原案を，裁判員を交えて確認するのである。法廷で裁判長が判決文を朗読し，判決を被告人に言い渡す。この判決宣告の後，裁判長が被告人にたいして説諭（訓戒）をすることができる。裁判官だけでなく裁判員からも教え諭されていると被告人が感じるとすれば，被告人の更生にとって効果的であるかもしれない。

判決宣告が終わると評議室に戻り，感謝状と記念品（バッジ）が贈呈されるほか（**写真10-4**），後日，1万円以内の日当と交通費（・宿泊費）が支給される。なお，裁判員には一定の守秘義務が課せられている。

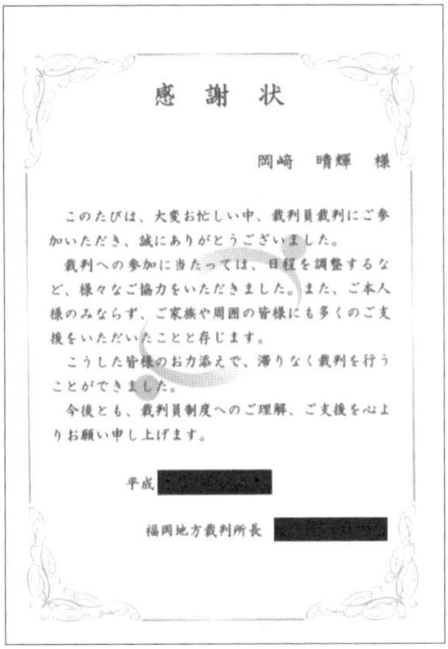

感謝状

岡崎　晴輝　様

このたびは、大変お忙しい中、裁判員裁判にご参加いただき、誠にありがとうございました。

裁判への参加に当たっては、日程を調整するなど、様々なご協力をいただきました。また、ご本人様のみならず、ご家族や周囲の皆様にも多くのご支援をいただいたことと存じます。

こうした皆様のお力添えで、滞りなく裁判を行うことができました。

今後とも、裁判員制度へのご理解、ご支援を心よりお願い申し上げます。

平成[redacted]

福岡地方裁判所長[redacted]

写真10－４　感謝状と記念品
岡崎所有・撮影。ただし，日付と所長名は消している。

3．裁判官を育てる裁判員裁判

最高裁判所のアンケート（2018年）では，裁判員経験者の多くが「非常によい経験と感じた」と回答している。裁判員に選ばれる前に裁判員を「あまりやりたくなかった」又は「やりたくなかった」と回答した者（計44.1％）が「積極的にやってみたかった」又は「やってみたかった」と回答した者（計39.5％）を上回っている。しかし，実際に裁判員を務めた後では「非情によい経験と感じた」と回答した者は63.8％，「よい経験と感じた」と回答した者は32.9％に達し，「あまりよい経験とは感じなかった」又は「よい経験とは感じなかった」と回答した者は2.1％にとどまっている（最高裁判所事務総局：26)。

たしかに，裁判員裁判が様々な問題を抱えていることは否定できない。裁判員の負担は小さくないし，出席率も低下している。そうしたなか，裁判員制度を全面的に批判する者もいる（猪野ほか 2015；西野 2015）。しかし，最高裁判所事務総局が「裁判員制度は，この10年の間，多くの国民に肯定的に受け止められてきたと評価することができる」（最高裁判所事務総局 2019：2）としているように，裁判員制度は日本社会に定着しているといってよいであろう。

それでは，裁判員制度の意義は何だろうか。私の経験を踏まえて強く感じるのは，裁判員制度とは裁判官を育てる制度だということである。もちろん，裁判官のなかには，能力的にも人格的にも優れた人も多い。しかし，優れているからこそ見えなくなるものもあり，それゆえ「教育」が必要になるのである。

たしかに，裁判員制度が裁判官を育てる効果がどれくらい大きいかについては，異論がある。ダニエル・フット東京大学教授は，裁判員制度は，裁判官や検察官に大きな「教育効果」をもたらすことに期待を寄せた（フット 2007：311-312）。他方，元裁判官の瀬木比呂志・明治大学教授は，そうした期待は「ロマンティック」であり「甘過ぎる」のではないか，と否定的である（瀬木 2014：152-153）。しかし，たとえ小さくとも，裁判官にたいする教育効果があるのではないだろうか。

第１に，裁判官は，職業裁判官としての生活を続けるうちに，ともすれば惰性に陥りやすい。だが，裁判員と一緒に仕事をすることで，気持ちを引き締めることができるであろう。裁判官にとっては日常的な業務であっても，裁判員にとっては一生に一度あるかないかの非日常的な経験である。そうした裁判員と一緒に仕事をすれば，裁判官は初心に立ち返りやすくなるであろう。例えば，柴田寿宏裁判官は次のように述べている。

「それほど悩まなくてもいいかな」と思った事件で，裁判員が「刑を決めるのがすごく重い」と話していた。被告の人生が具体的に変わることをイメージし，「１年間刑務所に入るのが長くなるのは大変」などと言っていた。「慣れで裁判をしてはいけないな」と自戒させられた。(『朝日新聞』2019年５月15日（水）朝刊，西部本社版)

第２に，裁判官になるためには，難関で知られる司法試験に合格し，司法修習でも優秀な成績を収めなければならない。そのためには，本人の資質だけでなく，恵まれた家庭や学校といった環境も有利に作用していたに違いない。そうした裁判官は，恵まれない家庭生活や学校生活，職業生活を送り，不幸にも犯罪に手を染めてしまった人々の境遇をどこまで理解できるのであろうか。だが，多様な環境で育ってきた裁判員が評議に加われば，裁判官だけでは見えない，別の見方を提供することができるに違いない。北尾トロは，ある裁判傍聴マニアから次のような言葉を聞いたという。

裁判官は法律のプロかもしれないけど，人生のプロとは言えないんじゃないの。勉強勉強でやってきて，法曹界に入れば狭い社会。そういうエリートに，落ちこぼれて犯罪者になったような人の気持ちがどこまでわかるか。人間の気持ちを肌で感じられるって意味じゃ，我々のほうが人生のプロだよね。(北尾 2008：26)

第３に，裁判官の人事も大きな問題をはらんでいる（裁判官の人事については，西川伸一 2020を参照)。裁判官は約３年ごとに異動を繰り返しつつ出世していく。たしかに裁判所法は，裁判官は「意思に反して」「転所」されることはないと定めている（第48条)。しかし実際には，裁判官が異動の内示を拒否することは難しい。できることなら，僻地の支部に異動になって「しぶしぶとしぶからしぶへしぶめぐり　しぶのむしにもごぶのたましい」（原田 2017：126）などと強がりたくないわけである。僻地の支部への異動だけでなく，「３号俸」に昇給できるかどうかなども気になるようである（秋山 2002：39；岩瀬 2020：34-37）。その結果，「市民との接触を希薄にしている」だけでなく，「次の転勤先を気にするあまり，どうしても最高裁の人事権行使を気にし，そのことが自己規制的になる最大の原因になっている」という（秋山 2002：38-39）。しかし裁判員は，人事異動を気にする必要がないばかりか，数日間の裁判員裁判が終われば顔を合わせることすらない。それゆえ，みずからの良心に従って判断しやすいのである。

事実，裁判員裁判になった後，量刑に変化が生じている（最高裁判所事務総局 2019：17，49-56）。また，執行猶予が言い渡された者のうち，保護観察の付いた者の割合も増えている。保護観察とは，社会のなかで更生できるように，保護観察官と保護司による指導と支援を受けるものである。この保護観察は，裁判官裁判では35.0％だったが，裁判員裁判（2012－18年）では55.3％に増加したのである（最高裁判所事務総局 2019：57）。

このことは，市民感覚を反映した結果であるといえるであろう。『朝日新聞』が裁判員・補充裁判員経験者に実施したアンケート調査（回答は748人，回答率は42.2％）では，「裁判官と市民の感覚が違うと感じたこと」が「あった」と回答した人は46％，「なかった」と回答した人は47％，「わからない」と回答した人は７％であった（『朝日新聞』2019年５月９日（木）朝刊）。

ここで，裁判員裁判は高等裁判所への控訴が可能であり，その控訴審は裁判官のみで行われるため，裁判員裁判には限界があるのではないか，という疑問が生じるかもしれない。たしかに，控訴審で破棄された場合，裁判員を務めた当事者が「いったい何のために貴重な時間を費やしたのか」と感じるのも当然であろう。しかし，決して落胆する必要はない。

第１に，裁判員裁判の破棄率は高くはない。それどころか，最高裁判所事務総局の報告書によれば，「第一審が裁判官裁判（控訴審の終局が平成18年から平成20年）の場合の破棄率は17.6％であったのに対し，第一審が裁判員裁判（控訴審の終局が平成24年６月から平成30年12月末）の場合の破棄率は10.9％にとどまっている」という（最高裁判所事務総局 2019：21）。

第２に，仮に第一審の判決が破棄されたとしても，裁判員の判断は，地方裁判所の裁判官や高等裁判所の裁判官に確実に影響を及ぼすであろう。そして，少しずつではあっても裁判官の判断は市民感覚に近づいていくであろう。「雨垂れ石を穿つ」という諺がある。一滴の雨だれは，石に穴をあけるには，あまりにも弱い。だが，一滴一滴の雨だれが積もり積もれば，石に穴をあけることも不可能ではない。裁判員裁判もそれと同じではないだろうか。一つひとつの判決は，控訴審で破棄されるかもしれない。しかし，一つひとつの判決が積み重なっていけば，裁判官の判断に「穴をあける」ことも不可能ではない。裁判員裁判は，刑事裁判を市民化する重要な制度なのである。

参考文献・ウェブサイト

秋山賢三 2002『裁判官はなぜ誤るのか』岩波書店（岩波新書）。
飯考行／裁判員ラウンジ編著 2019『あなたも明日は裁判員!?』日本評論社。
猪野亨ほか 2015『マスコミが伝えない裁判員制度の真相』花伝社。
岩瀬達哉 2020『裁判官も人である――良心と組織の狭間で』講談社。
大城聡ほか 2019『あなたが変える裁判員制度――市民からみた司法参加の現在』

同時代社。
北尾トロ 2008「裁判官が法律のプロならこっちは人生のプロ――みんなで法廷へ行こう」，日本の論点編集部編『27人のすごい議論』所収，文藝春秋社（文春新書），22-28頁。
最高裁判所事務総局 2019『裁判員制度10年の総括報告書』
(http://www.saibanin.courts.go.jp/topics/09_12_05-10jissi_jyoukyou.html)
瀬木比呂志 2014『絶望の裁判所』講談社（講談社現代新書）。
西川伸一 2020『裁判官幹部人事の研究――「経歴的資源」を手がかりとして』増補改訂版，五月書房新社。
西野喜一 2015『さらば，裁判員制度――司法の混乱がもたらした悲劇』ミネルヴァ書房。
原田國男 2017『裁判の非情と人情』岩波書店（岩波新書）。
フット，ダニエル・H. 2007『名もない顔もない司法――日本の裁判は変わるのか』溜箭将之訳，NTT 出版。
牧野茂ほか 2020『裁判員制度の10年――市民参加の意義と展望』日本評論社。
最高裁判所ウェブサイト「裁判員制度」(http://www.saibanin.courts.go.jp/)

学習課題

1．最高裁判所の作成した広報用映画を鑑賞してみよう。http://www.saibanin.courts.go.jp/news/video.html
2．原田國男『裁判の非情と人情』（岩波書店［岩波新書］，2017年）を読んで，裁判官の世界に触れてみよう。

第Ⅲ部　市民自治の技術

11 社会の問題を解決する

岡﨑　晴輝

《目標＆ポイント》 本章では，社会の問題を解決する技術を考えたい。社会の問題に直面したとき，我々は，現実主義や理想主義という落とし穴に陥りやすい。問題解決のポイントは，理想と現実のあいだを埋めるために，手順を踏んで問題解決の方法（政策）を考えていくことである。
《キーワード》 現実主義，理想主義，問題解決

第Ⅲ部では，視座を観察者（三人称）から実践者（一人称）に移し，市民自治に必要な技術を学んでいきたい。サッカーの場合と同じように，市民自治の観察者と実践者では見える風景がまったく異なっているし，求められる技術も異なっている（**図11-1**）。サッカーの技術を学ばなければ，サッカーを実践することが難しいように，市民自治の技術を学ばなければ，市民自治を実践することは難しい。まず最初に学びたいのは，社会の問題を解決する技術である。

図11-1　観察者（三人称）の視座から実践者（一人称）の視座へ
出所：岡﨑 2009：225。

1. 現実主義と理想主義

社会の問題を目の当たりにしても，我々は「現実は変えられない」と諦めやすい。たしかに，すべての現実を容易に変えられるわけではない。我々は過去から自由ではありえず，それゆえ，容易に変えられないものも少なくない。人為的に創設された制度であっても，歴史的に定着した制度，例えば車の通行車線を変更するのは容易ではない。返還後の沖縄では，1978年７月30日に右側通行から左側通行へと切り替えた。29日夜，信号機や道路標識を一晩で変更することには成功したが，

> 人の感覚はそこまでうまくはいかない。物損事故が相次いだ。いまも失敗談で盛り上がる人は少なくない。その頃のバス運転手の言葉を，玉那覇さんが教えてくれた。「きのうまで右手で，きょうから左手で箸持って食べられるか」（『朝日新聞』2013年３月21日（木）朝刊）

また，人間の力によっては，いかんともしがたい現実もある。例えば，我々の住む日本列島に地震や津波が多いという現実は，どんなに変えたくても変えようがない。

しかし，すべての現実が変えられないわけではない。ここで参考になるのが，政治学者の丸山眞男が著した「「現実」主義の陥穽」（1952年）という論文である。丸山は同論文において，日本人の「現実」概念を分析し，現実主義の陥穽（落とし穴）に警鐘を鳴らしている。丸山によれば，日本人の「現実」概念は，次の三つの構造を有しているという。第１に，現実を「与えられたもの」としてしか捉えず，「日々造られて行くもの」としては捉えない。言い換えれば，現実を「既成事実」と等置する。第２に，多次元的な現実を一次元的にしか捉えない。そして第３

に，そうした多次元的な側面のなかで，「その時々の支配権力が選択する方向」を現実的と考え，逆に，反対派が選択する方向を「観念的」「非現実的」と考えやすいというのである（丸山 1964：172-177；丸山 2010：246-253。傍点は省略）。

たしかに，我々が日々痛感しているように，現実を変えるのは生易しいことではない。それゆえ，現実を変えるためには，それと粘り強く格闘することが欠かせない。貧困問題に取り組んできた湯浅誠が語った，含蓄に富んだ言葉を紹介したい。

> どんな立場になっても，やっているのは結局『角のないオセロ』のようなものだと実感しています。オセロでは角を取れば一気に多くのコマをひっくり返せますが，現実にはそんな角はない。一個ずつ地道に反転させていくしかないのです〔。〕（『朝日新聞』2012年４月13日（金）朝刊。〔　〕は引用者）

しかしその一方で，理想ないしベストを追求するあまり，理想主義という落とし穴に陥ることも避けなければならない。「ベストはグッドの敵である」（The best is the enemy of the good）と言われるように，ベスト（最善）の追求がバッド（悪），それどころかワースト（最悪）をもたらすことも少なくない。

政治学者の山口二郎は，理想主義の「落とし穴」の例として，2012年の脱原発運動を挙げている。山口によれば，野田政権は，2030年代に原発をゼロにするという画期的ビジョンを決定した。たしかに，野田政権が大飯原発の再稼働を決定したことは，脱原発運動にとっては「裏切り」であろう。しかし，そのことをもって「野田政権打倒」を主張することは，脱原発に逆行するものである（**写真11-1**）。事実，野田政権が

写真11-1　金曜官邸前抗議（2012年7月29日）
出所：山口 2013：228。写真提供：共同通信社。

「打倒」された後に成立したのは，原発を推進する安倍政権であった。脱原発運動にとっては「最悪の政治指導者」を招いてしまったのである。山口によれば，市民に求められるのは「理想主義，完全主義に固執して，それを共有しない他者を攻撃する」ことではなく，「厳しい現実の中で，理想を掲げて，一歩ずつ歩む」ことだというのである（山口 2013：228-230）。すでに言及した丸山眞男は，政治的な選択とはベストの選択ではないと断言している。丸山によれば，

> 政治的な選択というものは必ずしもいちばんよいもの，いわゆるベストの選択ではありません。それはせいぜいベターなものの選択であり，あるいは福沢諭吉のいっている言葉ですが，「悪さ加減の選択」なのです。これは何か頭に水をぶっかけるようないい方ですけれども，リアルにいえば政治的選択とはそういうものです。悪さ加減というのは，悪さの程度がすこしでも少ないものを選択するということです。（丸山 2010：368-369；丸山 2014：369）

「悪さ加減の選択」というのは，少し言いすぎかもしれない。しかし我々は，ベストの追求にはらまれる危険にいくら注意しても注意しすぎることはないであろう。我々に必要なのは，ベターを求める精神的余裕であろう。この世界には様々な問題があるし，あってよい。このことを認めつつも，放置しえない深刻な問題を一つひとつ解決していくことが，市民自治の実践に求められる姿勢であるといえるであろう。

それでは，どのようにすれば現実主義と理想主義という二つの落とし穴を回避しつつ，社会の問題を解決していくことができるのであろうか。ポイントは，二つの落とし穴に陥らないように，一つひとつ手順を踏んで思考していくことである。以下では，理想と現実を媒介するという観点から，問題解決の6段階モデルを提示したい（問題解決の手順としては，放送大学教材の柴山／遠山 2012のほか，高橋 1999を参照。6段階モデルは，私自身が定式化したものである）。

2. 問題解決の手順

(1) 問題の定義　我々は「問題」を漠然と理解して満足していることも少なくない。しかし，何が問題であるかを的確に理解していなければ，問題を解決することは難しい。最初にすべきは，問題を定義することである。定義とは，意味を明確にすることである。極端に言えば，問題を定義することができれば，その問題は半ば解決したとさえ言っても過言ではない。定義することは，それくらい重要な作業なのである。問題を定義する際，便利な公式がある。問題を理想と現実のギャップとして定義するのである（図11-2）。

(2) 原因の把握　次に考えるべきは，理想と現実のギャップが発生する原因を把握することである。理想と現実のギャップが存在する以上，

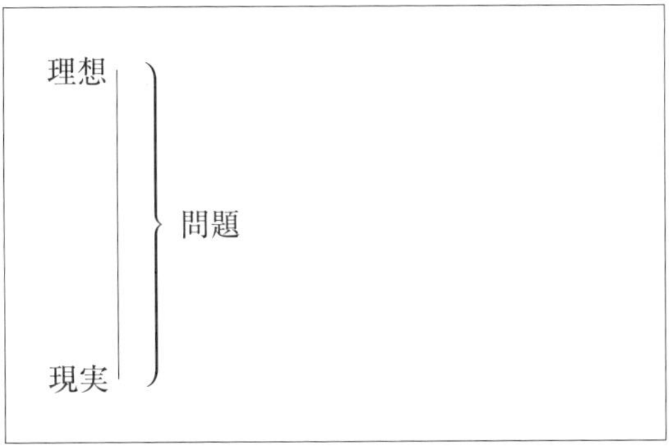

図11-2　問題の定義

何らかの原因があるはずである。その原因を無視しては，理想と現実のギャップを埋めることは難しい。仮にうまくいったとしても，一時しのぎの対症療法にとどまるであろう。原因を把握する際に気を付けるべきは，原因を単純に考えないことである。我々は往々にして，原因を単純化しやすい。しかし，ほとんどの場合，複数の原因が介在している。ただし，複数の原因を羅列しただけでは，原因を把握したことにはならない。それぞれの原因は，結果に大きな影響を及ぼしているかもしれないし，小さな影響しか及ぼしていないかもしれない。また，結果に直接的な影響を及ぼしているかもしれないが，間接的な影響しか及ぼしていないかもしれない。我々は，こうした原因の構造を捉え，主たる原因が何であるかを把握する必要があるだろう。

(3) 目標の設定　原因を把握した後，次に必要なのは，現実をいつまでに（横軸），どこまで（縦軸）理想に近づけるか，目標を設定することである（**図11-3**）。理想と現実のギャップを埋めるためには，理想を引き下げるか，現実を引き上げればよい。だが前者は，そもそも問題解決とは言えない。そこで，現実を理想に近づけることになる。しかし，

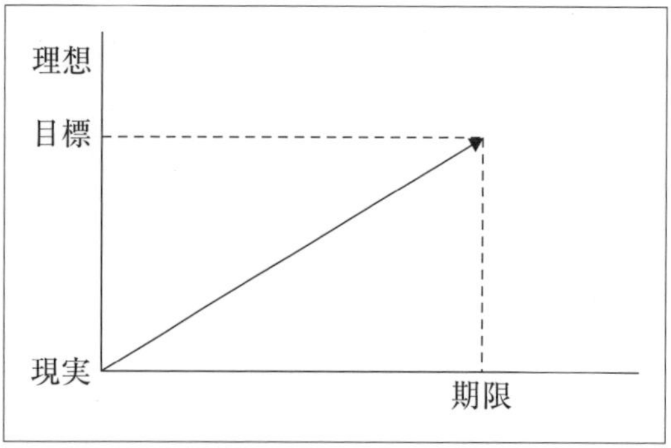

図11-3　目標の設定

すでに述べたように，ベストの追求には危険が伴うため，ベターな目標を設定するわけである。このことは，口で言うほど容易ではない。どれくらいの目標がベターなのかは自明ではないからである。一般的に言えるのは，目標は理想と一致するほど高くてもいけないし，逆に，現実に一致するほど低くてもいけない，ということだけであろう。しかしだからといって，目標を直感的に設定してよいということにはならない。たしかに，目標の適切さを客観的に決めることはできない。しかし，人々が抱いている目標を話し合うことで，より適切な水準を見つけることができるであろう。

(4) 政策の立案　目標が設定されれば，現実を目標に近づけるための具体的な方法を立案することになる。言い換えれば，現実を目標に近づけるための政策をリストアップする作業である。結果を引き起こした原因が一つとは限らないように，目標を達成するための政策も一つとは限らない。思いもよらない素晴らしい政策があるかもしれない。そこで，問題解決の可能性を高めるために，様々な政策をとにかくリストアップしていくわけである（**図11-4**）。

政　策
①
②
③
④
⑤
⑥
⑦

図11-4　政策の立案

ここで重要なのは，政策をリストアップする際，良いか悪いかの判断をしないことである。政策立案（政策のリストアップ）と政策評価（政策の価値判断）を同時進行させると，我々の思考は萎縮しやすい。斬新な政策がひらめいたとしても，「馬鹿げている」とか「実現できるはずがない」とか，様々な思考が邪魔をしかねない。これでは，せっかくのアイディアも無駄になりかねない。いな，それ以前に，そもそもアイディアが意識に上がってこないかもしれない。こうした意識的・無意識的な自己抑制を取り払うためには，まずは，頭に思い浮かんだアイディアを抑制することなくリストアップするとよい。これがブレイン・ストーミングである。ブレイン・ストーミングでは，5～10人のメンバーで会議を行い，頭脳（ブレイン）に嵐（ストーム）を引き起こすイメージで，新しいアイディアを創造しようとする。考案者のアレックス・オスボーンは，ブレイン・ストーミングの規則として，次の四つを挙げている。

(1)　判断力は排除すること。アイディアに対する批判は翌日まで押さえておこう。

(2) “乱暴さ”が歓迎される。アイディアが突拍子のないものになるほどよろしい。調子はいつでも下げられるのだから，どんどん思い切った提案をすること。
(3) 量が必要である。下手な鉄砲も数打てば当たる。
(4) 結合と改良が大切である。自分のアイディアを出すばかりでなく，人の出したアイディアを改良する方法を提案しよう。また，幾つかのアイディアを組み合わせて別のアイディアを作りあげよう。（オスボーン 2008：272-273）

加えて，先駆者のアイディアを参考にすることも，時間や労力の節約になるであろう。すでに同じ問題に取り組んだ人々がいるかもしれない。そこでの政策や，それを実行した際の教訓は大いに参考になるに違いない。インターネットは，そうした先駆的事例を把握するのに便利なツールである。逆に言えば，自分達の政策や教訓をインターネット上で情報公開すれば，その経験を市民全体の共有財産として提供することができるであろう。

(5) 政策の評価　政策が出揃(でそろ)えば，様々な基準に照らして，個々の政策を評価することになる。政策の評価とは，様々な価値基準に照らして，政策の価値を決めることである。市民自治の文脈では，実現性，有効性，公平性，効率性という四つの基準が重要になるであろう（**図11-5**）。

第1に，政策は実現性（feasibility）の基準を満たしていなければならない。実際に実行に移せるか否か，という基準である。例えば，その政策が法令に違反する場合，激しい抵抗が予想される場合，政策実現の資源（人材や資金など）に乏しい場合などには，実現性を欠いていることになる。いくら素晴らしい政策であっても，実行に移せなければ，机上の空論にすぎない。それゆえ，この実現性の基準は最も重要な基準で

政　策	実現性	有効性	公平性	効率性
①				
②				
③				
④				
⑤				
⑥				
⑦				

図11-5　政策の評価

あるといえるであろう。

第2に，政策は，有効性（effectiveness）の基準も満たさなければならない。有効性とは，現実を目標に引き上げるのに効果的であるか否か，という基準である。いくら理論上は素晴らしい政策であっても，あるいは，別の状況ではうまくいった政策であっても，直面する問題を解決できないような政策であれば，その政策は効果的とはいえない。どの政策がどれくらい効果的であるかは，理想と現実のギャップが発生する原因によるところが大きい。

第3に，政策は，公平性（fairness）という基準も満たさなければならない。公平とは，ある者の利益のために別の者の利益を犠牲にしないことである。公平かどうかを判断するためには，次のような思考実験をしてみるとよい。仮に不利益を被る立場に立たされた場合に，理に適ったものとして受け入れることができるかどうか，と。こうした公平性の基準は，平等性の基準として解釈されるべきではない。東日本大震災の際には，平等主義的に解釈された公平性の基準が，かえって政策の評価を誤らせたからである。例えば，「ふんばろう東日本支援プロジェクト」を立ち上げた西條剛央は，次のように述べている。

もう一つ行政の足かせになっていたのが，「全員に，完全に同一の物を，同時期に配らなければならない」という「公平主義」である。／この公平主義ゆえに，300枚布団があっても，500人全員に渡せないのは不公平になるから配らないといった判断をしたり，野菜を全員にあげられないからといってすべて腐らせて捨ててしまう，といったことが各地で起きていた。……このように公平主義は，この有事において，全員を公平に不幸にするために猛威を振るったのである。……500人に対して300枚の布団しかないならば，「お年寄りや小さな子どもがいる家庭に優先的に配り，足りない部分は家族で毛布を共有してもらうようにします」といった形で，異なる公平性を成立させる観点を置き，市民に納得してもらえるようにすればいいのである。（西條 2012：283-285）

最後に，効率性（efficiency）の基準も無視できない。効率性とは，同じ効果を上げるのに，どれくらいコスト（費用や労力）を抑えることができるのか，という基準である。効率性の基準に照らせば，少ないコストで済む政策がある場合，その政策を採用するほうが望ましいことになる。ただし，実現性，有効性，公平性といった基準に比べて，優先順位は低いであろう。多少のコストはかかったとしても，問題解決に資するのであればかまわない，という判断は十分に成り立つからである。ただし，手に負えないほどの負債を背負わないためにも，効率性の基準を軽視するべきではない。

(6) 政策の決定　最後に，個々の政策の評価を参照しつつ，政策を決定する。様々な政策の価値を評価した後に，一つの政策（ないし複数の政策の組み合わせ）を選択するのである。ここで厄介なのは，すべての基準で完全に優位に立っている政策などほとんどないことである。実際には，ある基準では優っていても別の基準では劣っている，という場合が少なくない。しかし，機械的に決定できないからといって，評価が無意味というわけではない。機械的に決定することはできないが，一長一短の評価を踏まえない決定と，それを踏まえた決定とのどちらが望ましいかは明らかであろう。加えて，1人で決定するのではなく，複数で話し合った後で決定すれば，より合理的な決定に近づけることができるであろう。

3. 合理的思考法の限界？

さて，問題解決の合理的思考法に懐疑的な論者――サイモンやリンドブロムなど（秋吉ほか 2015：142-144を参照）――は，こうした問題解決の手順にたいして根本的な批判を加えるに違いない。我々が直面する問題は複雑であるが，それに対処する人間の能力には限界がある。それゆえ，こうした単純な「公式」を当てはめることはできないし，当てはめるべきではない。問題解決の手順は，現実には適用しえない机上の空論にすぎない，と。

こうした批判は妥当なのだろうか。たしかに我々は，問題を取り巻く状況の複雑性や能力の限界について過小評価すべきではない（**第15章**を参照）。状況の複雑性と能力の限界を踏まえれば，ベストな問題解決はありえず，せいぜいベターなものしかありえない。それゆえ，他者との熟議に開かれたものでなければならないだろう（**第14章**）。また，失敗を活かして，さらなる問題解決に取り組むことも求められるであろう（**第15章**）。その意味において，問題解決の手順を「魔法の公式」のように理解すべきではない。

しかし，だからといって合理的思考法を捨て去るべきではない。そもそも，状況が複雑であるがゆえに，また，我々の能力に限界があるがゆえに，かえって思考の支えとなるツールが必要になってくるに違いない。家計のやりくりが難しいがゆえに家計簿というツールを活用するようなものである。たしかに，状況の複雑性や能力の限界を強調することは，重要な指摘ではあるだろう。しかし，その面だけを強調し，合理的思考法を切り捨ててしまえば，そこには，非合理的な「決断」しか残されなくなってしまうであろう。そうならないように，我々は，状況の複雑性や能力の限界を踏まえつつ，それゆえ問題解決の手順の限界を自覚しつつ，一つの，しかし有益なツールとして使用していけばよい。ここでもまた，ベストを求めるべきではない。

参考文献

秋吉貴雄ほか 2015『公共政策学の基礎』新版，有斐閣。
岡﨑晴輝 2009「市民自治の技術論に関する覚書」，関口正司編『政治における「型」の研究』所収，風行社，223-243頁。
オスボーン，A. 2008『創造力を生かす』新装版，豊田晃訳，創元社。
西條剛央 2012『人を助けるすんごい仕組み――ボランティア経験のない僕が，日本最大級の支援組織をどうつくったのか』ダイヤモンド社。
柴山盛生／遠山紘司 2012『問題解決の進め方』放送大学教育振興会（放送大学教材）。
高橋誠 1999『問題解決手法の知識』第2版，日本経済新聞出版社（日経文庫）。
丸山眞男 1964『増補版　現代政治の思想と行動』未来社。
丸山眞男 2010『丸山眞男セレクション』杉田敦編，平凡社（平凡社ライブラリー）。
丸山眞男 2014『政治の世界　他十篇』松本礼二編注，岩波書店（岩波文庫）。
山口二郎 2013『いまを生きるための政治学』岩波書店。

学習課題

1．ベスト（最善）の追求がワースト（最悪）を帰結した体験を振り返ってみよう。
2．問題解決の６段階モデルを身近な事例に適用してみよう。

12 市民団体を組織する

岡﨑 晴輝

《目標＆ポイント》 本章では，市民団体を組織する技術を考えたい。市民団体は，フリーライダーを許容しやすいという構造的特質を備えており，ボランティアや寄付を集めるのは容易ではない。どうすれば市民団体をよりよく組織することができるのであろうか。ポイントは，市民の意識を所与としつつ，それに適合した組織づくりをすることである。
《キーワード》 フリーライダー，インセンティブ，活動参加，寄付，チームワーク，リーダーシップ

1. フリーライダー

社会の問題を解決しようとする際，ボランティアや寄付を集めなければならないことも少なくない。しかし多くの市民団体は，その確保に四苦八苦している。たしかに，ボランティアに関しては，闇雲に集めればよいというわけではない。活動によっては，ボランティアを絞り込むことも必要であろう。例えば，東日本大震災の際，ピースボート災害ボランティアセンター（現ピースボート災害支援センター http://pbv.or.jp/）はボランティアを募ったが，その説明会では，ハードな作業（15キロの荷物を８時間運ぶ）や快適とは言えないテントやトイレの様子を伝えた後，「この状況でも行くという人は残って下さい」と呼びかけたところ，約100人中20人が席を立った。こうして「本当にやる気のある人だけが残るという仕組み」にしたというのである（中原 2011：168)。

そうはいっても，多くの市民団体がボランティア不足，寄付不足に悩んでいることも確かである。いったい，どうすればボランティアや寄付を集めることができるのであろうか。この問題を考えるためには，なぜ市民が市民団体の活動に参加したがらないのか，なぜ市民団体に寄付をしたがらないのか，市民団体固有の構造的特質を押さえておく必要があるだろう。

ここで参考になるのが，マンサー・オルソンの集合行為論である。オルソンは『集合行為論』（1965年）において，フリーライダー（ただ乗りする人）のメカニズムを解明している。オルソンによれば，ある集団に属する個人は，その集団の利益を促進する活動に参加しそうなものである。しかし実際には，集団の活動に参加するとは限らない。大規模な集団の場合には，とりわけそうである。その際，個々人は，合理的・利己的であるにもかかわらず参加しないのではなく，合理的・利己的であるがゆえに参加しないのである。彼らは，活動に参加しなくても，その利益に与れるからである（オルソン 1983：1－3）。

こうしたオルソンの集合行為論を踏まえれば，なぜ市民団体がボランティアや寄付を集めるのに苦労しているのか，わかるであろう。公的利益を追求する市民団体は，フリーライダーを許容しやすいという構造的特質を備えている。一人ひとりの市民は，市民団体の活動に参加したり寄付をしたりしなくても，その団体が勝ちとった公的利益に与ることができるからである。どうすれば，それにもかかわらず活動に参加したり寄付をしたりするのであろうか。

もう一度，オルソンの議論に立ち返りたい。オルソンは，大規模な集団では，次の二つの場合を除いて，合理的・利己的個人は集団の利益を促進する活動に参加しないであろう，と論じている。その二つの場合とは，行為を強制する場合と，集団の利益とは別のインセンティブ（誘因）を与える場合である（オルソン 1983：2-3）。逆にいえば，いずれかの場合には，あるいはいずれもの場合には，大規模な集団であっても，合理的・利己的個人は集団の利益を促進する活動に参加するであろう，ということになる。

それでは，強制という方法は可能なのであろうか。政府の場合には，憲法上の制約はあるものの，法律や条例を制定すれば，市民にたいして，ある行為をするよう／しないよう強制することができるし，税金を納めるよう強制することもできる。しかし市民団体の場合には，そうした合法的な強制力は与えられてはいない。市民団体は，市民にたいして，その活動に参加するよう強制することもできないし，寄付をするよう強制することもできない。

そうである以上，市民団体は，参加や寄付を促すインセンティブを探るしかない。一つのインセンティブは，金銭的報酬を支払うことである。たしかに，このインセンティブは，金額次第では，強力なインセンティブになるであろう。しかし，このインセンティブは，そもそも寄付のインセンティブにはなりえない。そして，寄付が集まらなければ，活動参加にたいして金銭的報酬を支払うこと，少なくとも十分な金銭的報酬を支払うことは難しい。

それでは，金銭的報酬以外のインセンティブはあるのだろうか。注目すべきは，まったく金銭的報酬を得ていないにもかかわらず，市民団体の活動に参加する者（無償のボランティア）がいることである。それどころか，市民団体に寄付をする者さえいることである。いったい，彼らが市民団体の活動に参加したり寄付をしたりするインセンティブは何なのであろうか。

そうしたインセンティブを把握するために，例えばアブラハム・マズローの動機づけ理論を参照することもできるであろう。マズローによれば，人間は「生理的欲求」が満たされると「安全の欲求」が出現し，それが満たされると「所属と愛の欲求」が出現する。そして「所属と愛の欲求」が満たされると「承認の欲求」が出現し，それも満たされると「自己実現の欲求」が出現するというのである（マズロー 1987：第4章)。

しかし，そうした普遍的人間理論では，目の前にいる市民のインセンティブを捉えきれないであろう。市民のインセンティブは国や時代によって異なっているからである。そのように考え，内閣府「NPO 法人に関する世論調査」(2013年6月）を参照することにしたい。この世論調査は，20歳以上の日本国籍を有する者から3,000人を無作為抽出し，調査員による個別面接聴取法で実施されたものである。有効回収数（率）は1,784人（59.5%）となっている（内閣府大臣官房政府広報室 2013)。NPO 法人に限定されてはいるが，現代日本における活動参加や寄付のインセンティブを把握するのに格好のデータとなっている（なお，2018年にも同名の調査が行われているが，なぜ活動に参加したくないのか，なぜ寄付をしたくないのか，という重要な質問が無くなっている。それゆえ，ここでは2013年の調査結果を見ていくことにしたい。また，「寄附」の用語は「寄付」で統一している)。

市民団体がボランティアや寄付を集めたい場合，こうした市民意識を変えようとすべきではない。市民意識は変えようと思って変わるものではないし，そもそも，そうした啓蒙的態度は市民自治にふさわしくない。むしろ，市民が抱く意識を前提としつつ，それに適合するように市民団体を組織すべきであろう。市民意識を市民団体に合わせようとするのではなく，市民団体を市民意識に合わせるのである。

2. インセンティブ

(1) ボランティアを集める NPO 法人に関する世論調査では,「あなたは,NPO 法人が行う活動に参加したいと思いますか。それともそうは思いませんか」という設問にたいして「思う」と回答した者は17.5%,「思わない」と回答した者は71.6%となっている(内閣府大臣官房政府広報室 2013:図8)。それでは,NPO 法人の活動に参加したいと思うと回答した者は,いったい何を重視しているのであろうか。NPO 法人が行う活動に参加したいと思うと回答した者では,「目的や活動内容が共感できる」を挙げた者が最も多く(72.5%),それに「信頼できる役員やスタッフがいる」(44.4%),「自分の能力を発揮できる」(37.1%),「活動の成果をあげている」(31.0%)などが続いている(**表12-1**)。逆に,NPO 法人の活動に参加したいと思わないと回答した者の場合,最も多かった理由は「参加する時間がないから」(43.6%)であり,そ

表12-1 活動参加の際に重視する点

目的や活動内容が共感できる	72.5%
信頼できる役員やスタッフがいる	44.4%
自分の能力を発揮できる	37.1%
活動の成果をあげている	31.0%
積極的に情報発信(呼びかけ)している	19.8%
多くの人たちが参加している	18.5%
認定 NPO 法人である	16.3%
一般によく知られている	15.7%
知り合いが活動している	15.0%
その他	3.2%
特にない	2.9%
わからない	0.3%

N＝313人,複数回答

出所:内閣府大臣官房政府広報室 2013:図9から作成。

表12-2　活動に参加したいと思わない理由

参加する時間がないから	43.6%
参加する機会がないから	29.9%
関心がないから	24.1%
参加した効果が見えにくいから	12.8%
経済的に余裕がないから	12.0%
信頼できる法人，団体がないから	10.7%
一緒に参加する仲間がいないから	10.2%
ボランティア（無償）で活動を行うことが理解できないから	4.6%
活動を行う際の保険が不十分だから	2.0%
その他	10.1%
特にない	6.0%
わからない	0.6%

N＝1,278人，複数回答

出所：内閣府大臣官房政府広報室 2013：図10から作成。

れに続いたのは「参加する機会がないから」(29.9%)，「関心がないから」(24.1%）などであった（**表12-2**）。

こうした市民意識を踏まえた場合，どのようにボランティアを集めればよいのであろうか。すでに見たように，市民がNPO法人が行う活動に参加するにあたって，「目的や活動内容が共感できる」ことを最も重視している（72.5%)。このことは，市民団体のミッション（使命）を明確にする必要性を示している。第2位の「信頼できる役員やスタッフがいる」(44.4%）については，リーダーの人柄によるところが大きい以上，組織づくりの技術で対応するのは難しいかもしれない。しかし，第3位の「自分の能力を発揮できる」(37.1%）には，組織づくりの技術で対応することができるに違いない。一人ひとりが能力を発揮できるように活動を組織すれば，市民団体に参加したいと考える者は増えるであろう。

この点については第3節で考えることにし，ここではプロボノという考え方を紹介しておくことにしたい。プロボノとは「社会的・公共的な目的のために，自らの職業を通じて培ったスキルや知識を提供するボランティア活動」である（嵯峨 2011：24)。多くの人々は，職業を通じて様々なスキルや知識を身につけている。そうしたスキルや知識を活かせる場を自覚的につくりだせば，人々が市民活動に参加するインセンティブになるに違いない。このことは，問題解決に有益であるだけでなく，ボランティア自身にとっても有益であろう。駒崎弘樹・フローレンス代表理事が紹介しているように，例えばコンサルタントがそのスキルや知識を社会貢献に活かせれば，その人の仕事のモチベーションは上がるであろうし，よいトレーニングの機会にもなるであろう（駒崎 2010：118)。

さて，活動に参加したいと思わない理由については，どのように対応することができるのであろうか。参加したいと思わない理由のトップは「参加する時間がないから」である（43.6％)。たしかに，市民の多くは多忙である。しかし，工夫をすれば，市民の活動参加は可能になるかもしれない。政党が党員とサポーターを区別しているように，２種類のボランティアを区別することもできるであろう。

一例として，仙台市民オンブズマン（http://sendai-ombuds.net/）の工夫を紹介したい。仙台市民オンブズマンは「国および地方公共団体等の不正，不当な行為を監視し，これを是正する」（仙台市民オンブズマン会則第３条）ために活動している。その際，「機動性」を発揮するために，また「テーブルを囲んでお互いに顔を見ながら，率直に意見をたたかわす」ために，メンバーを20人程度の弁護士等に絞り込んでいる。その一方で，「仙台市民オンブズマンの活動の趣旨に賛同し，支援する意志のある個人」（タイアップグループ会則⑴）からなる「タイアップグループ」も存在している。会員や賛助会員が年会費を納め，その30％

を仙台市民オンブズマンに支援金として拠出している。時には，オンブズマンの分析作業を手伝うこともあるという（仙台市民オンブズマン 1999：154-164；http://sendai-ombuds.net/）。こうしたタイアップグループ方式は，時間的余裕のない市民の活動参加を可能にしてくれるであろう。

(2) 寄付を集める　次に，寄付に関する調査結果を見てみることにしたい。「あなたは，NPO 法人が行う活動に対して寄付をしたいと思いますか。それともそうは思いませんか」という設問にたいして「思う」と回答した者は23.2%，「思わない」と回答した者は62.4%であった（内閣府大臣官房政府広報室 2013：図13)。それでは，NPO 法人に対して寄付をしたいと回答した者は，何を重視しているのであろうか。「目的や活動内容が共感できる」を挙げた者が最も多く（69.0%)，「寄付金が有効に使ってもらえる」(47.7%)，「活動の成果をあげている」(36.3%)，「信頼できる役員やスタッフがいる」(26.4%）などが続いている（**表12-3**)。逆に，寄付をしたいと思わない理由としては，「寄付をした後

表12-3　寄付をする際に重視する点

目的や活動内容が共感できる	69.0%
寄付金が有効に使ってもらえる	47.7%
活動の成果をあげている	36.3%
信頼できる役員やスタッフがいる	26.4%
積極的に情報発信（呼びかけ）している	18.6%
経営基盤がしっかりしている	18.4%
寄付方法がわかりやすい	17.7%
認定 NPO 法人である（税の優遇措置が受けられる）	16.7%
一般によく知られている	13.8%
知り合いが活動している	12.1%
多くの人たちが寄付をしている	4.8%
その他	0.2%
特にない	2.2%
わからない	0.5%

N＝413人，複数回答

出所：内閣府大臣官房政府広報室 2013：図14から作成。

表12-4　寄付をしたいと思わない理由

寄付をした後の効果が見えにくいから	37.0%
経済的に余裕がないから	35.8%
関心がないから	24.4%
信頼できる法人，団体がないから	21.4%
寄付をする機会がないから	14.4%
寄付をすることが理解できないから	12.8%
手続きが面倒だから	4.0%
その他	2.3%
特にない	5.7%
わからない	0.7%

N＝1,113人，複数回答

出所：内閣府大臣官房政府広報室 2013：図15から作成。

の効果が見えにくいから」(37.0%) や「経済的に余裕がないから」(35.8%) が多く，それに「関心がないから」(24.4%) や「信頼できる法人，団体がないから」(21.4%) などが続いている (**表12-4**)。

こうした市民意識を踏まえた場合，どのようにすれば寄付を集めることができるのであろうか。すでに見たように，市民がNPO法人に寄付をする際，「目的や活動内容が共感できる」(69.0%)，「寄付金が有効に使ってもらえる」(47.7%)，「活動の成果をあげている」(36.3%) を特に重視している。逆に，寄付をしたいと思わない理由としては「寄付をした後の効果が見えにくいから」(37.0%) を最も重視している。「経済的に余裕がないから」(35.8%) をわずかではあるが上回っているのである。

こうした調査結果を踏まえれば，寄付を集めるためには，寄付が有効に活用され，成果が上がっていることが求められているといえるであろう。しかしそれだけでなく，寄付が有効に活用され成果が上がっていることが広く市民に報告されていることも，同じくらい求められているといえるであろう。

活動報告と寄付が効果的に結びついている成功例として，中村哲とペシャワール会（http://www.peshawar-pms.com/）の活動を挙げることができるであろう（中村哲は2019年12月４日，アフガニスタン東部のジャララバードで凶弾にたおれた。中村とペシャワール会の活動については，中村 2007；中村 2013；中村／澤地 2010；ペシャワール会 2012を参照）。中村は医師として，パキスタン・ペシャワールやアフガニスタンで医療活動に従事していたが，深刻な水不足による病気の蔓延という事態に直面し，井戸掘りや用水路建設に取り組むようになった。中村らの尽力の結果，アフガニスタンの乾いた大地に水や緑が戻りつつある（**写真12-１**）。

そうした活動を続けるためには，しかし，多額の資金が欠かせない。そこで，中村やペシャワール会は『ペシャワール会報』を発行したり講演会を開いたりして，多額の会費や寄付を集めることに成功している（**写真12-２**）。福元満治・ペシャワール会事務局長によれば，活動に実質があることはもちろんだが，会員・非会員に活動や会計を報告していることが功を奏しているという（ペシャワール会分室，2014年２月20日）。中村によれば，

> 私たちの強さというのは，現に目の前に，私らの事業によって生活できる人があふれていること。そのことが何よりも雄弁なアピールです。胸を張って，こういう仕事で60万人の人たちが，私たちの事業で食えていますという事実。それで私たちも喜んで働くし，それを支える側も「それはほんとうですか。お金の出しがいもあります」ということで続いているんですね。（中村／澤地 2010：160）

写真12-１　水と緑の戻ったアフガン東部のスランプール（ペシャワール会提供）

Peshawar-kai
ペシャワール会報

ペシャワール会事務局
〒810-0041 福岡市中央区大名
1-10-25 上村第2ビル605号室
TEL 092（731）2372
FAX 092（731）2373

No.118
2013年12月11日

〈URL〉http://www1a.biglobe.ne.jp/peshawar/　〈E-mail〉peshawar@kkh.biglobe.ne.jp

表紙絵　祝宴の夜／画・甲斐大策

シギ堰取水口消失、カマ第2堰全壊	中村　哲
受験日にカランコロンと	藤井健二
焼鳥屋の夜から30年が過ぎて	沢田裕子
治安も平和もない中での30年にわたる活動に感謝	モハマッド・アーベット
火野葦平と中村哲さん	玉井史太郎
家族を大事にするスタッフたち	村井光義
●カラー特集　ペシャワール会30周年特集　第2回　干ばつ顕在化、水事業始まる	

ペシャワール会は、1983年9月、中村哲医師のパキスタンでの医療活動を支援する目的で結成されました。彼の活動を支援するとともに、アジアの人々への理解を深めていきたいと願っています。

写真12-２　『ペシャワール会報』と中村哲講演会（ペシャワール会提供）

3. チームワークとリーダーシップ

ボランティアや寄付を集めるのも難しいが，市民団体を運営していくのも容易ではない。しかし，すでに示唆したように，一人ひとりが能力を発揮できるように活動を組織すれば，活動に参加したいと考える市民は増えるであろうし，市民団体の運営も円滑になるであろう。

ここで参考になるのが，川喜田二郎の組織開発論である。川喜田は，チームを育てるためには仕事を創造的にすることが重要であると論じている。川喜田によれば，メンバーが創造的なやり方で仕事をするためには，その仕事がそのメンバーにとって易しすぎてもいけないし，逆に難しすぎてもいけない。そのメンバーが「ベストをつくしたならば，その仕事は9割まではうまくゆくはずであるという，そういうあたりの難しさ」がよいという（川喜田 1996：373）。そして，リーダーがそうした仕事をメンバーに頼むとき，課題（何をしてほしいのか）や背景（なぜあなたにやってほしいのか）は丁寧に伝えるが，手段や方法（どのように仕事をしてほしいのか）は教えない。「信じてまかせる」。そして，報告に来たら，成功したにせよ失敗したにせよ，一緒に「結果を味わう」ことが重要だというのである（川喜田 1996：373-379）。

たしかに，こうしたやり方をすれば，よいチームが育ちやすいであろう。しかし，被災地支援ボランティアのように，見知らぬ人々が集まり，しかも何人が集まるかがわからない場合，リーダーがメンバーに適した仕事を頼むのは不可能であろう。どのような工夫をすることができるのであろうか。

ここで参考になるのが，阪神・淡路大震災の際に自然に誕生したとされるポストイット方式である。一言でいえば，活動内容や求人数などを記した「求人票」に，自分の氏名等を記したポストイット（付箋）を貼ることで，自発的に仕事を振り分ける方式である。当事者の証言によれば，早瀬昇がポストイット方式を閃いたのは，阪神・淡路大震災後の1995年１月22日深夜であり，それを実行に移したのは翌23日だった。従来は，ボランティアが事前登録し，スタッフがニーズに合致するボランティアを選出し，本人に連絡していた。ところが，1,000人を超えるボランティアが登録するようになると，この方式を続けることは非効率的になった。そこで，事前受付を廃止し，ボランティアが各自の判断で事務所に行くようにした。そして，ポストイットを使い，自発的かつ効率的にボランティア活動を分担するようにしたというのである（阪神・淡路大震災 被災地の人々を応援する市民の会 1996：36-40）。

川喜田は，チームが意思決定をする方法についても論じている。意思決定の際に「衆議一決」を優先させるべきなのであろうか。それとも，「独断専行」を優先させるべきなのであろうか。川喜田は，「緩急」と「軽重」という「状況」に依存するとする（川喜田 1996：397-398, 414-415）。川喜田によれば，

> それ〔衆議一決と独断専行のどちらを優先させるのが正しいか〕は状況による。どういう状況かといえば，緩急と軽重とのかねあいである。①時間的に余裕があり，しかも事が重大な場合には，衆議一決こそ美徳だ。②逆に，急を要し，しかもそれほど重大でない事柄ほど，独断専行こそ採るべき道で，衆議一決は悪徳となる。③重大だが迅速な決定がそれにもまして望まれるときには，独断専行こそ美徳となる。④逆に，大して重要でないことでも，時間のゆとりがたっぷりのときには，衆議一決こそ望まれる。（川喜田 1996：414-415。ただし，〔　〕と①～④は引用者）

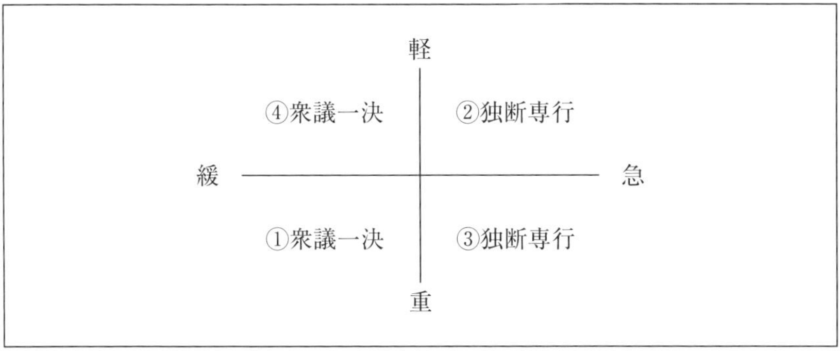

図12‒１　川喜田二郎のリーダーシップ論

川喜田のリーダーシップ論を理解しやすくするために，図にしてみたい。縦軸を「軽重」とし，横軸を「緩急」とした場合，①～④は，次のように位置づけることができるであろう（**図12‒１**）。

ここで，③と④について疑問を抱く人がいるかもしれない。③の場合には，合議する間もないのであれば，独断専行で行くのもやむをえないが，事が重大である以上，速やかにメンバーの了承を取りつけることが必要なのではないだろうか。他方，④の場合には，たとえ時間があったとしても独断専行で処理し，速やかに事後報告すれば十分なのではないだろうか。こうした疑問が生じるかもしれないが，状況に応じて衆議一決と独断専行を使い分けるという視点は極めて重要であろう。

参考文献

オルソン，マンサー 1983『集合行為論——公共財と集団理論』依田博／森脇俊雅訳，ミネルヴァ書房。

川喜田二郎 1996『川喜田二郎著作集7　組織開発論』中央公論社。

駒崎弘樹 2010『「社会を変える」お金の使い方——投票としての寄付　投資としての寄付』英治出版。

嵯峨生馬 2011『プロボノ——新しい社会貢献　新しい働き方』勁草書房。

仙台市民オンブズマン 1999『官壁を衝く』毎日新聞社。

内閣府大臣官房政府広報室 2013「NPO法人に関する世論調査」。https://survey.gov-online.go.jp/h25/h25-npo/index.html

中原一歩 2011『奇跡の災害ボランティア「石巻モデル」』朝日新聞出版（朝日新書）。

中村哲 2007『医者，用水路を拓く——アフガンの大地から世界の虚構に挑む』石風社。

中村哲 2013『天，共に在り——アフガニスタン三十年の闘い』NHK出版。

中村哲／（聞き手）澤地久枝 2010『人は愛するに足り，真心は信ずるに足る——アフガンとの約束』岩波書店。

阪神・淡路大震災　被災地の人々を応援する市民の会 1996『震災ボランティア——「阪神・淡路大震災　被災地の人々を応援する市民の会」全記録』非売品。

ペシャワール会 2012『アフガニスタン　干ばつの大地に用水路を拓く——治水技術　7年の記録』（DVD），日本電波ニュース社。

マズロー，A. H. 1987『人間性の心理学』改訂新版，小口忠彦訳，産業能率大学出版部。

学習課題

1. 「NPO 法人に関する世論調査」（https://survey.gov-online.go.jp/h25/h25-npo/index.html）の調査票をダウンロードし，回答してみよう。
2. ペシャワール会のウェブサイト（http://www.peshawar-pms.com/）を閲覧し，いかに詳細に活動を報告しているかを確認してみよう。

13 社会を動かす

岡﨑　晴輝

《目標＆ポイント》 本章では，市民団体が社会を動かす技術を考えたい。ポイントは，人々の心に響くメッセージを発すること，そのためには，いかなるフレームでメッセージを発するかが決定的に重要であることである。併せて，インターネットやマスメディアを活用する技術についても考えたい。
《キーワード》 資源動員，フレーム，フレーミング，インターネット，マスメディア

1．資源不足

社会の問題を解決しようとする際，他の市民や政府を「動かす」必要があることも少なくない。もちろん，常に必要というわけではないが，多くの市民が住民投票やデモに足を運んだり，政治家が法改正に賛成したりすることが，社会の問題を解決するのに欠かせない場合には，社会を動かしていく必要があるだろう。だが，多くの市民団体は，そのことを必ずしも得意としてはいない。湯浅誠によれば，

> 例えば，よくあるのは，何かのイシューについて訴える集会をやる。でもその集会にはもともとそう思っている人が来ている。それで，みんな「そうだ，そうだ！」と頷き合って帰っていく。でもこれでは人口構成上の比率はまったく変わっていないですよね。／私はかつての自分のことを考えても，社会運動はともするとそういうモードになりがちな部分があったと思うんです。私はその反省や工夫が足りなくて，

「わからない相手が悪い」ですませてしまっていたら，それこそ少数派に止まってしまうと思っているんです。（小熊／湯浅 2012：126）

なぜ多くの市民団体は，社会を動かすことに成功しないのであろうか。足枷（あしかせ）となっているのは，ごく一部の団体を除けば，市民団体の保有する「資源」（resources）が圧倒的に乏しいことであろう。資源動員論が明らかにしたように，ある問題をめぐって市民のあいだに「不満」が高まったとしても，自動的に運動が発生・拡大するわけではない。関連する市民団体が保有する「資源」が，運動の成否に影響を及ぼす。すなわち，運動が成功するか否かは，それに関連する市民団体が豊富な人材や資金などを保有しているかどうか，そしてそれらの資源を効果的に動員できているかどうかに左右されるというのである（資源動員論については，マッカーシー／ゾールド 1989を参照）。

こうした資源動員論を踏まえれば，多くの市民団体が社会を動かそうとしても動かせない理由は明らかであろう。多くの市民団体は，人材や資金を集めるのに四苦八苦しており，活用できる資源に乏しい。それでは，資源に乏しい市民団体に活路はないのであろうか。そうではない。人々の心に響くメッセージを発することができれば，社会を動かすことができるであろう。

人々の心に響くメッセージを発するためには，フレーム／フレーミングが決定的に重要になる。その定義は論者によって異なるが，ここでは，フレームとは複雑な現実を単純に理解するための枠組みであり，フレーミングとは特定のフレームを自覚的に考案・採用する行為である，と定義しておくことにしたい。同じメッセージでも，あるフレームでは人々の心に響かないのに，別のフレームでは人々の心に響くことがありうる。社会を動かすためには，人々の心に響くフレームを考案・採用できるかどうかが勝負どころである。そうしたフレームでメッセージを発することができれば，社会はおのずから動きだすであろう。

2. フレーミング

(1) 現実解釈の多様性　フレーミングという技術を使いこなせるようにするために，少し回り道になるが，現実解釈の多様性という問題を考えておくことにしたい。人々の心に響くフレームを築くための第一歩は，現実が多様に解釈できることを自覚することである。現実は一つの解釈しか許容しないわけではなく，複数の解釈を許容する。このことのイメージを膨らませるために，二つの図と写真を見てみることにしよう。

図13-1の上段の図は，アメリカの哲学者ウィリアム・ジェイムズが『プラグマティズム』(1907年) で示したものである。ジェイムズによれば，この図を①「星」と見ることもできるが，②「互いに交叉(こうさ)している二つの大きい三角形」と見ることもできる。また，③「角ごとに足のついた六角形」と見ることもできるが，④「六つの等しい三角形が頭を接して連なっている」と見ることもできる。これらすべては「真」だというのである（ジェイムズ 2010：251-252)。

写真13-1は，歴史学者の網野善彦が『「日本」とは何か』(2000年) で採りあげたものである。網野によれば，この地図は，富山県が企画し日本地図センターが編集した「環日本海諸国図」である。そこでは，日本列島が上側に，アジア大陸が下側に描かれ，富山を中心に同心円が引かれている。網野は，この地図はサハリンと大陸，そして対馬と朝鮮半島とのあいだが狭いこと，「日本海」が日本列島とアジア大陸に囲まれた内海であることを示していると指摘している。そして，海で隔てられた「孤立した島国」という日本像が「虚像」でしかないと論じている

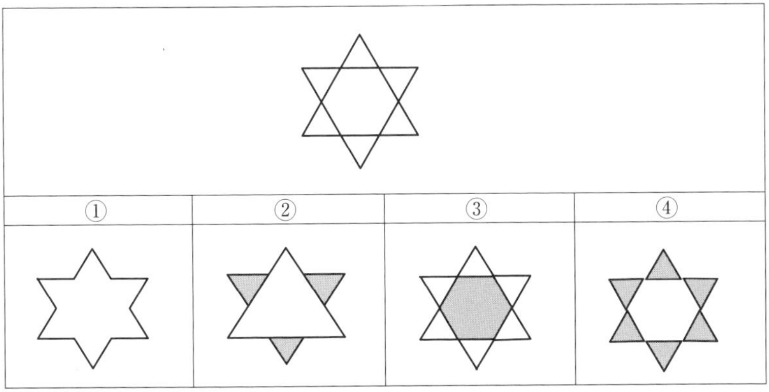

図13-1　ジェイムズの図

出所：上段：ジェイムズ2010：251，下段：岡崎作成。

写真13-1　環日本海諸国図

出所：網野2008：35。この地図は富山県が作成した地図（の一部）を転載したものである。

（網野 2008：34-37）。

これら二つの例が例示しているように，一つの現実であっても複数のフレームで解釈することが可能である。ところが我々は，一つのフレームに慣れ親しんでおり，それこそが唯一のフレームであると思いこみやすい。だが，人々の心に響くメッセージを発するためには，そのフレームが人々を動かすのに妥当であるかどうか，ということを自問自答してみる必要があるだろう。もしかすると，より妥当なフレームが存在するかもしれない。

それでは，「より妥当な」フレームとは何なのであろうか。社会科学の世界では，そのフレームが事実に反していないかどうか（真理性），共有された社会的価値を侵害していないかどうか（正当性）が問われるであろうが，市民自治の実践では，それら二つの基準に加えて，そのフレームが目的を達成するのに効果的であるかどうか（有効性）が問われるであろう。

(2) フレーミングの具体例　ここで，フレーミングの成功例として，2000年1月に徳島県徳島市で行われた住民投票を採りあげたい。この住民投票は，吉野川の第十堰（だいじゅうのせき）の代わりに可動堰（ダム）を建設することの是非をめぐる住民投票であり，可動堰建設を中止に追い込んだ画期的な住民投票であった。国や県の可動堰建設計画に疑問を抱いた市民が審議委員会，参院選や市議選を闘い，住民投票条例を勝ち取った。そして，50％以上の投票率という住民投票の成立要件をクリアし，圧倒的多数で反対の民意を示し，可動堰建設を中止に追い込んだのである（今井 2000：152-179）。この住民投票で，姫野雅義とともに中心的な役割を担った村上稔は『希望を捨てない市民政治――吉野川可動堰を止めた市民戦略』という優れた実践記録を公刊している（村上 2013）。同書には，知恵と経験が豊富に記されている。

さて，この住民投票が成功を収めたのは，フレーミングの力によるところが大きい。吉野川住民投票運動のリーダーであった姫野雅義は「小さなものが大きなものと闘って勝つためには，まず自分たちが対等に勝負のできる土俵に相手を誘い込まなければダメだ」と語っていたようであるが（村上 2013：37-38），そうした「土俵」を築いたのがフレーミングにほかならない。

高木竜輔の研究によれば，国（建設省）は，第十堰には治水上の問題があり，可動堰を建設すべきだというフレームを築いていた。これに疑問を抱く市民は当初，治水上本当に必要なのか，水質が悪化するのではないか，というフレームで対抗していたが，県が民意を無視して可動堰建設を強行しようとすると，住民投票で決めるべきだという新たなフレームを築いた。これにたいして国や県は，専門家に任せるべきだという新たなフレームで反撃したが，最終的には，住民投票というフレームが市民の支持や参加を勝ち取ることに成功を収めたというのである（高木 2004：124-128）。

高木を含む研究チームの調査結果が示しているように，可動堰は洪水の防止にならないというフレームよりも，住民を無視しているというフレームのほうが徳島市民の心に響くものであった。研究チームは，住民投票が行われた半年後の2000年８月から９月にかけて，無作為抽出された徳島市在住の有権者（20～69歳）に質問紙調査を行い，その意識や態度を実証的に研究している。その調査結果の一部（**表13-１**）によれば，可動堰が「洪水の防止になる」という考えを強く否定している者は37.7（39.4）％にとどまるが，「住民を無視している」という考えを強く肯定している者は60.9（63.1）％に上ったのである（久保田ほか 2002：193-194）。

この調査は住民投票後になされたものであり，それゆえ住民投票前と

表13-1　吉野川可動堰に関する世論調査

	「洪水の防止になる」			「住民を無視している」		
	度数	%	有効%	度数	%	有効%
そう思う	109	11.5	12.0	579	60.9	63.1
ややそう思う	86	9.1	9.5	149	15.7	16.2
どちらともいえない	237	24.9	26.1	96	10.1	10.5
ややそう思わない	118	12.4	13.0	33	3.5	3.6
そう思わない	358	37.7	39.4	61	6.4	6.6
合計	908	95.6	100.0	918	96.6	100.0
無回答	42	4.4		32	3.4	
合　計	950	100.0		950	100.0	

出所：久保田ほか2002：193-194から作成。

異なっている可能性があることに留意しなければならない。それでも，次のように推論することは許されるであろう。「可動堰は洪水の防止にならない」というフレームよりも，「国や県は住民を無視している」というフレームのほうが，より徳島市民の心に響くものであった，と。

ところで，フレーミングの際，なにも一つのフレームで訴えかける必要はない。複数のフレームで訴えかけることもできるであろう。例えば，自殺対策を推進したい場合，どのようなフレームを築けばよいのであろうか。もちろん，自殺に心を痛める人々は多く，人命の尊重というフレームは重要であろう。しかしそれだけでは，国の財政赤字を憂慮している人々の心には響かないかもしれない。自殺対策も重要だが，国や自治体が膨大な財政赤字を抱えている以上，自殺対策に税金を投入することは難しい――このようにやんわりと拒絶されてしまうかもしれない。たしかに，健全財政ということも重要な判断基準である以上，人命の尊重というフレームだけでは功を奏さないかもしれない。しかし，相手が乗り得るフレームを築くことができれば，相手の思考の枠組みを変えることなく，自殺対策への支持を調達することができるであろう。自殺対

策に取り組んできた清水康之・ライフリンク（http://www.lifelink.or.jp/）代表によれば，

> イギリスでは，精神疾患による経済的コストを国として算出しています。「人助け，みんなやりたいんだよ。でも，お金どうするの？」という話になりかねないので，そうではない，経済的な観点からも逸失利益は大きく，支援することで社会的コストも下がる，逆に我々は，おカネを無駄にしているかもしれないよ，というプレゼンは，絶対大事ですよね。（清水／湯浅 2010：60）

このように，社会を動かすためには，いかなるフレームでメッセージを発するかが決定的に重要になる。すでに述べたように，一つの現実は一つのフレームでしか解釈できないわけではなく，二つ以上のフレームで解釈することができる。いかなるフレームであれば人々の心に響くのかを熟慮し，効果的なフレームで呼びかけていくことが，社会を動かすうえで重要になってくるであろう。

とはいえ，そのメッセージを実際に人々のもとに届けるためには，口コミの場合は別にして，何らかのメディア（媒体）が必要になってくる。資源に乏しい市民団体の場合，印刷物を多くの市民に配布するわけにはいかない。だが，悲観する必要はない。資源に乏しい市民団体であっても，インターネットを活用することができるし，実際，ほとんどの市民団体はウェブサイト等を開設している。また，資源に乏しい市民団体であっても，マスメディアを活用することができるし，事実，市民オンブズマンのようにマスメディアを使いこなす市民団体も現れている。

3. メディア

(1) インターネット　多くの市民団体は，インターネットを通じてメッセージを発し，社会を動かそうとしている。原発再稼働に反対する金曜官邸前抗議でも，インターネットは重要な情報源になったようである。第11章で採りあげたように，福島第一原発の大事故後，毎週金曜日の夜，（大飯）原発の再稼働に反対する市民が官邸前に結集し，抗議の声をあげてきた。平林祐子の調査では，官邸前抗議の開催情報を何から得たかを質問したところ，ツイッターが39%，人づてが17%，ウェブが12%，フェイスブックが７%となり，テレビ（７%）や新聞（６%）を大きく引き離したのである（『朝日新聞』2012年７月30日（月）朝刊)。たしかにインターネットは，社会を動かすのに欠かせないメディアになっている（平林 2013；樋口／松谷編著 2020を参照)。

とはいえ，インターネットは，幾つかの難点を抱えている。第１に，インターネットの性質上，強い関心を抱いている者にしかメッセージは届かないかもしれない。たしかに，Google をはじめとする検索エンジンの発達により，必要な情報にアクセスしやすくなっている。だが，検索エンジンでは，強い関心を抱いている人しかキーワード検索をしない。その結果，発信したメッセージは，潜在的な支持者には届かないかもしれない。キャス・サンスティーンによれば，

> ツイッターのタイムラインはあなたが見たいものに限定され，あなたのフェイスブック友達は，人類全体のごく一部でしかないだろう。／このこと自体は問題ではない。だが，選択肢が増えすぎると，多くの人はことあるごとに最も賛成できる意見ばかり聞くようになるだろう。……人間には，娯楽やニュースについてはもともと持っていた世界観

を乱すことのないものを選択するという自然な傾向がある。（サンスティーン 2018：87-88）

第２に，少なくとも現状では，政治家を動かす力にはなりえていない。たしかに，インターネットを活用する若い世代の政治家も増えている。しかし，インターネットを活用している政治家といえども，インターネット上の声は一部の人々の声にすぎないと見なし，インターネット上の声を黙殺することもできるであろう。

(2) マスメディア　これにたいして，新聞やテレビといったマスメディアで報道されれば，膨大な人々の目にとまりやすい。インターネットが大きな役割を果たしたとされる金曜官邸前抗議でさえ，主催者の１人によれば，マスメディアで報道されることによって世間一般に知られるようになったという（野間 2012：36）。

また，政府を動かすうえでも，マスメディアによる報道は絶大な効果を発揮している。マスメディアで報道された瞬間，行政の対応が一変したという話は枚挙にいとまがない。例えば，全国市民オンブズマン連絡会議（http://www.ombudsman.jp/）は，自治体の「情報公開度ランキング」を作成・公表している。そうしたランキングがマスメディアで報道された結果，ランキング下位の自治体が情報公開制度の改善に動きだし，自治体の情報公開度が大きく向上してきたというのである（児嶋研二・市民オンブズマン福岡代表幹事談，市民オンブズマン福岡事務所，2014年２月12日）。

多くの市民はマスメディアの重要性を認識していても，どうすればよいのか，途方に暮れるかもしれない。マスメディアに報道してほしいことがあれば，プレスリリース（**図13-２**）を用意し，記者会見（**写真13-２**）を開けばよい。県庁や県警本部には記者クラブがある。そこに連絡をすれば，マスメディアとコンタクトを取ることができる（全国各地の記者クラブの連絡先については，MBC：Media Bridge Consultingが作成したウェブサイト「記者クラブ一覧情報館」［http://www.kisha-club.jp/］に掲載されている）。児嶋研二・市民オンブズマン福岡代表幹事が語ったように，プレスリリースを作成する際，伝えてほしいメッセージを絞り込み，新聞記事の見出しに使えるようなワンフレーズをタイトルに付けるとよいであろう（市民オンブズマン福岡事務所，2014年２月12日）。

加えて，不本意な報道がなされないよう，マスメディアに働きかけることもできるであろう。例えば，吉野川可動堰の建設の是非を問う住民投票を成功に導いた姫野雅義は，関連記事が新聞に掲載されると，「自分が「違うな」と思った事実や表現に赤入れをし」新聞各社にファックスしていた。それを繰り返すと，記者は「ちょっとした表現にも緊張感」をもつようになったという（村上 2013：153）。こうした地道な努力——村上稔は「マスコミ畑を根気よく耕せ」と表現している（村上 2013：152）——こそが，吉野川住民投票運動を成功に導いた一つの要因になっていたようである。

他方，マスメディア側の声にも耳を傾ける必要があるだろう。記者クラブ（福岡県政記者会）に尋ねたところ，市民団体が記者会見をする際，次のような工夫をしてほしい，との意見が寄せられた。記者クラブ（幹事社）に連絡をする際，幹事社以外にも発表内容が伝わりやすいように，資料（プレスリリース）を提出してほしい。その際，問い合わせが殺到しても連絡がつくように，複数の問い合わせ先を記すとよい。記者会見では，ポイントを絞った資料，視覚的に分かりやすい資料に基づいて簡潔に話すこと，主観的な思いを語るのではなく客観的な情報も説明することを心掛けてほしい。その際，散漫にならないように，代表者以外は

図13-2　プレスリリース
出所：足立2013：89-93を参照。

写真13-2　記者会見室
福岡県会見室，2014年２月13日撮影。

個別の質問に答えるにとどめたほうがよい（2014年４月22日付電子メール）。これらの意見を踏まえた記者会見をすれば，市民団体にとってもマスメディアにとっても有益な記者会見にすることができるであろう。

参考文献

足立早恵子 2013『元新聞記者が教える　マスコミが取材したくなる！「プレスリリース」の法則』中央経済社。
網野善彦 2008『日本の歴史00 「日本」とは何か』講談社（講談社学術文庫）。
今井一 2000『住民投票』岩波書店（岩波新書）。
小熊英二／湯浅誠 2012「社会運動のつくり方――世界を自分で変えるには」，『at プラス』14号，116-133頁。
久保田滋ほか 2002「住民投票と地域住民――吉野川可動堰建設問題に対する徳島市民の反応をめぐって」，『徳島大学社会科学研究』第15号，161-255頁。
サンスティーン，キャス 2018『#リパブリック――インターネットは民主主義になにをもたらすのか』伊達尚美訳，勁草書房。
清水康之／湯浅誠 2010『闇の中に光を見いだす――貧困・自殺の現場から』岩波書店（岩波ブックレット）。
ジェイムズ，W. 2010『プラグマティズム』桝田啓三郎訳，岩波書店（岩波文庫）。
高木竜輔 2004「「住民投票」という名の常識へ――社会運動のフレーム抗争」，大畑裕嗣ほか編『社会運動の社会学』所収，有斐閣，117-132頁。
野間易通 2012『金曜官邸前抗議――デモの声が政治を変える』河出書房新社。
樋口直人／松谷満編著 2020『３・11後の社会運動――８万人のデータから分かったこと』筑摩書房。
平林祐子 2013「何が「デモのある社会」をつくるのか――ポスト3.11のアクティヴィズムとメディア」，田中重好ほか編著『東日本大震災と社会学――大災害を生み出した社会』所収，ミネルヴァ書房，163-195頁。
マッカーシー，ジョン／ゾールド，メイヤー 1989「社会運動の合理的理論」片桐新自訳，塩原勉編『資源動員と組織戦略――運動論の新パラダイム』所収，新曜社。

村上稔 2013『希望を捨てない市民政治——吉野川可動堰を止めた市民戦略』緑風出版。

学習課題

1．次の文献を読み，フレーム／フレーミングの概念を用いて整理してみよう。今野晴貴「ブラック企業はなぜ社会問題化したか——社会運動と言説」，『世界』第857号（2014年6月号），190-199頁。
2．記者会見をする場面を想像し，プレスリリースを書いてみよう。

14 合意を形成する

岡﨑　晴輝

《目標＆ポイント》 本章では，問題解決の過程で対立が生じた場合，どのように合意を形成すればよいのか，という問題を考えたい。ポイントは，対立の構図が成立する前にミニ・パブリックス型の熟議民主主義を実践すること，そして対立の構図が成立している場合には，交渉によって対立の構図を崩していくことである。

《キーワード》 熟議，ミニ・パブリックス，市民討議会，交渉

1．合意形成力不足

市民が社会の問題を解決しようとする際，政府や企業などと対立するかもしれない。例えば，環境問題に取り組む市民団体は，原発建設をめぐって国，自治体，電力会社などと対立するかもしれない。そうした対立に直面した場合，どのように合意形成を図ればよいのであろうか。

これまでの市民自治の実践は，合意形成に長(た)けてきたとは言いがたい（福嶋 2014：102-110を参照）。たしかに，ロビー活動（私的ないし公的利益を推進するために政治家や官僚に働きかける活動）を行い，成功を収めた市民団体もある（明智 2015を参照）。秋山訓子が紹介しているように，松原明とシーズ（市民活動を支える制度をつくる会）は，ロビー活動の技術を巧みに駆使して，特定非営利活動促進法（NPO法）の成立や改正に大きく寄与した（秋山 2011）。秋山によれば，

たとえば，「××さんが固いんだよね」と言われたら，自らその政治

> 家のところに赴き，説得を試みる。／つまり，おまかせにせず，自ら汗をかき，泥をかぶる。「他の団体は，自分が行きやすい議員のところに行って，（その議員に）他の議員さんを説得してくれと頼む。それは違う。反対している議員や無関心な議員を説き伏せて，味方の議員さんを楽にさせるという姿勢でいかないと」（松原氏）／また，基本的にトップダウンではなく，ボトムアップでいく。もちろん組織の実力者や役職者のところにも行く。そのほうが効率的だし，手っ取り早い。だが，それだけではすまさない。「NPOって，えらい議員のところしか行かないから嫌なんだよな」とはこれまた，松原氏がある若手議員に言われたことである。……議員本人がどうしても固いとみれば，彼らに影響力を持つ人たちのところを回る。（秋山 2011：上56）

しかし，多くの市民団体は，そうした合意形成に積極的にコミットしようとはしてこなかった。そこには，市民団体固有の理由が存在している。政府＝与党であれば，法案や予算案などをめぐって野党と対立するが，最終的には決定をしなければならない。そこでは，対立と合意形成は日常業務である。これにたいして，市民団体の場合，社会全体で統一的に意思決定する必要はなく，対立する主体と合意形成を図る機会に乏しい。湯浅誠が指摘しているように，

> 民間で何かを始めるときは，基本的に「この指止まれ」方式です。「何かしたい」と思いついた個人が「こういうこと，やらないか」と声をかけ，それに賛同した人たちで企画を立て，実行に移していく。……要するに民間の活動というのは，賛同者だけで運営し，趣旨に反対の人たちは関係がない。没交渉です。（湯浅 2012：13–14）

こうした「この指止まれ」方式のため，市民団体の場合，合意形成の技術を発達させる機会に乏しい。しかし実際には，社会の問題を解決しようとする際，政府や企業などと対立する事態に直面するかもしれない。その際，合意形成に不慣れな市民団体は，「絶対反対」という思考法に陥りやすい。対立する相手も多かれ少なかれ正当な主張をしていることを認めて，合意形成を図っていこう，という思考法にはなりにくい。

しかし，いつまでも，こうした段階に留まっていてよいのであろうか。市民団体も，社会の問題を解決するために，合意形成の技術を身につけていかなければならないであろう。

2. 熟　議

(1) 代議制民主主義と市民参加　代議制民主主義では，市民は「銃弾」(bullet) によってではなく「投票」(ballot) によって政治家を選出し，選出された政治家は「頭を割る」のではなく「頭を数える」ことによって政策を決定するものとされている。そこでは，市民（少なくとも市民の多数派）と政府とのあいだに大きな対立が生じる余地はなさそうにも見える。

しかし実際には，市民の理念・政策と政府の理念・政策のあいだにズレが生じ，両者のあいだに対立が生じ得る。たしかに，比例代表制を採用するなど，選挙制度を工夫すれば，そうした事態は回避しやすくなるであろう。しかし，たとえ比例代表制を採用したとしても，ズレを解消することはできない。主要な政策に限定してさえ，完全に一致する政党が名簿を届け出ているとは限らない。それゆえ有権者は，理念や政策が相対的に近い政党に投票することになる。その結果，有権者の理念や政策と政党の理念や政策とのあいだには，不可避にズレが生じざるをえない。

こうした代議制民主主義の欠陥を回避するために，1960年代以降，市民参加が広がっている。例えば，パブリックコメントが制度化されている。パブリックコメントとは，政策案を国や自治体のホームページ等で公開し，広く市民の意見を募集し，政策案の修正に活用する制度である。こうした市民参加を採用すれば，代議制民主主義の限界を補うことができるであろう。しかしそこには，しばしば指摘されるように，参加バイアスという問題が付きまとわざるをえない。参加するためには，貴重な時間を割かなければならない。その結果，参加者は，その問題に強い利害関心を抱く市民や，動員力のある利益集団に偏るであろう。その結果，一部の人々の声が反映される一方，サイレント・マジョリティの声は反映されなくなってしまうであろう（篠原編 2012：10も参照）。

レファレンダム（住民投票・国民投票）は，こうした難点を回避している。レファレンダムとは，住民・国民がある政策に賛成・反対の意思表示をする投票制度である（レファレンダムについては，今井 2000を参照）。そこでは，すべての有権者に１票が与えられ，また参加コストも高くないため，すべての市民の声が比較的平等に反映されうる。しかしレファレンダムも完璧ではない。そこで反映される民意は，必ずしも熟慮されているとは限らない。たしかにレファレンダムの前には，様々な学習会などが開催されることも少なくない。しかし，そうした学習会などに参加することは，レファレンダムで１票を投じるための条件にはなっていない。

(2) ミニ・パブリックス型の熟議民主主義　こうした難点を回避するために考案されたのが，ミニ・パブリックス型の熟議民主主義という試みである（deliberation の訳語としては「熟議」が定着してきたため，この改訂版では「熟議」で統一したい）。ミニ・パブリックスとは，無作為抽出によって縮図化された社会を意味している（篠原編 2012：vii）。

ミニ・パブリックス型の熟議民主主義にも，熟議型世論調査（DP），コンセンサス会議，計画細胞会議，市民陪審，市民討議会といった様々な形態が存在する（篠原編 2012：第Ⅰ部。篠原 2004：第12章も参照）。それらのあいだには若干の相違があるが，基本的な考え方は同一である。無作為抽出された市民が熟議を行い，その結果を市民が共有するとともに，国や自治体の政策に反映させようというのである。古代ギリシアでは，選挙ではなく抽選（クジ）が民主主義的であると考えられていたが，現在，そうした古典的理念が甦りつつある（ヴァン・レイブルック 2019）。

熟議では，市民は単に主張するだけでなく，そのように主張する論拠を挙げることが求められている。ユルゲン・ハーバーマスは妥当要求という考えを示している。ハーバーマスによれば，教師が学生に「水を1杯もって来てくれないか」と要請した場合，その学生は，三つの妥当要求の一つまたは複数を論拠にして，教師の要請を拒否することができる。第1に，要請の前提となる事実を論拠に，その要請を断ることができる。例えば，近くに水道がないため，授業中に戻ってこられない，と（真理性）。第2に，教師の要請が規範的に正当か否かという観点から，教師の要請を断ることも可能である。教師は学生を使用人のように扱うことはできない，と（正当性）。そして第3に，教師の主観的な誠実性を論拠にして，教師の要請を断ることもできる。教師は，単に恥をかかせようとしているだけなのではないか，と（誠実性）（ハーバーマス 1986：47-48）。

そうした熟議がうまくいくためには，ファシリテーターの存在が欠かせない。日本ファシリテーション協会によれば，ファシリテーションとは「人々の活動が容易にできるよう支援し，うまくことが運ぶよう舵取りすること」であり，「その役割を担う人」がファシリテーターである。ファシリテーターは，次の4つのスキルを駆使して，話し合いを支援・促進するという。第1に，話し合いの場をつくるスキル。段取りをつけるスキルが特に重要である。第2に，人々のメッセージを受け止め，さらに，そこに込められたものを引き出すスキル。第3に，そうして発散したメッセージを収束させるために，議論を整理し，論点を絞り込むスキル。そして第4に，合意を形成し，成果を分かち合うスキルである（https://www.faj.or.jp/facilitation/）。

さて，ミニ・パブリックス型の熟議民主主義は，現代日本でも広がりつつある（特定非営利活動法人・市民討議会推進ネットワーク［http://cdpn.jp/］が年1回「市民討議会見本市」を開催している）。青年会議所（JC）がドイツの計画細胞会議（Planungszelle）に学び，全国各地で市民討議会を開催してきたのである（篠藤／吉田／小針 2009；篠原編 2012：第12章を参照）。

そのモデルとなったのが，東京都三鷹市で開催された「みたかまちづくりディスカッション2006」である（テーマは「子どもの安全安心」）。この試みでは，三鷹市と三鷹青年会議所がパートナーシップ協定を結び，三鷹市・三鷹青年会議所・市民からなる実行委員会を立ち上げた。そして，準備会合を重ねた後，参加する市民を無作為抽出した。具体的には，住民基本台帳を使い，1,000人の市民に依頼書を送付し，依頼に応じた87人を抽選で60人に絞り込んだ。なお，経済的理由で参加できない市民がでないように，参加者には謝礼を支払っている。

「まちづくりディスカッション」の1日目（土曜日）は52人，2日目（日曜日）は51人が参加した（**表14-1**；**写真14-1**）。参加者は10グループ（各グループ5～6人）に分かれ，計4回の話し合いを行ってい

表14-1　まちづくりディスカッションのスケジュール

8月26日（土）〔1日目〕		8月27日（日）〔2日目〕	
（参加者52人）		（参加者51人）	
		10:00～10:40	情報提供「親子で作る！地域安全マップ」「三鷹市で作成した地域安全マップについて」
		10:45～11:45	第2回話し合い「地域安全マップの作り方・使い方のアイデアを出してください。」
		11:45～12:45	昼食・投票
		12:45～13:00	情報提供「各地の子どもに対する安全対策の紹介」
13:00～13:50	主催者あいさつ 趣旨・進め方の説明	13:05～14:05	第3回話し合い「地域の子どもを見る目をふやすためのアイデアを出してください。」
13:50～14:30	情報提供「子どもを取り巻く現状と課題」	14:05～14:40	休憩・投票
14:30～14:45	休憩	14:40～15:40	第4回話し合い まとめの提案「子どもを犯罪から守るために，こんなことを始めたらどうでしょう。」
14:45～15:45	第1回話し合い「子どもにとって危険や不安を感じるのは，どこで，どんな時だと思いますか？」		
		15:40～15:55	休憩
15:45～16:30	発表と投票	15:55～17:05	発表と投票
		17:05～18:00	まとめ・結果の扱い方・反映の仕方

●場所：三鷹市市民協働センター

出所：三鷹青年会議所監修／みたかまちづくりディスカッション2006実行委員会編集 2006：11。

●話し合いの様子

●発表の様子

●全体会の様子（手あげアンケート）

●投票の様子

写真14-１　まちづくりディスカッションの様子

出所：三鷹青年会議所監修／みたかまちづくりディスカッション2006実行委員会編集 2006：14；15より転載。

る。その際，第１回～第３回の話し合いの前には，専門家が関連情報を提供している。また，話し合いごとにグループのメンバーを入れ替えている。各回，60分間の話し合いの後，（発表や）投票を実施した。こうした話し合い・投票を踏まえ，後日，実行委員会が中間報告書を作成し，中間報告会を開催した。そして最終的には実施報告書を作成し，三鷹市長に提出したのである（みたかまちづくりディスカッション2006については，三鷹青年会議所監修／みたかまちづくりディスカッション2006実行委員会編集 2006；篠藤 2006：82-100を参照）。

こうしたミニ・パブリックス型の熟議民主主義は，しかし，すでに対立の構図が成立している場合には，うまくいくとは限らない。すでに特定の主張を決定してしまっている場合，その主張が正しくないことを説得しようとしても，感情的反発を招くだけであろう。我々に残された選択肢はただ一つ，対立する当事者の利害や価値を所与としつつ，相互に折り合いをつけていく技術であろう。それが「交渉」(negotiation) である。なかでも，ハーバード大学交渉学研究所で開発されたハーバード流交渉術は，定評ある交渉の技術とみなされている（フィッシャーほか 1998）。

3. 交　渉

(1) 立場駆引型交渉　ハーバード流交渉術によれば，我々は通常，次のような交渉をしている。双方ともある立場を採り，その立場を弁護し，最後には妥協に至るために譲歩をする，という交渉である。そして，そうした交渉に当たる際，強硬姿勢（ハード型）でいくべきか，それとも柔軟姿勢（ソフト型）でいくべきか，と考えやすい。

我々が強硬姿勢で交渉に臨んだ場合，相手が柔軟姿勢で対応すれば，我々の要求は通りやすい。しかし，相手も強硬姿勢を崩さなければ，どうなるであろうか。時間稼ぎをする誘因が働くため，なかなか合意には達しないに違いない。仮に達したとしても，足して２で割ったものにしかならないであろう。そして決定的なことに，双方の人間関係を悪化させ，時に破壊してしまうかもしれない。

それでは，柔軟な姿勢をとればよいのであろうか。そうではない。相手が強硬姿勢を崩さない場合，相手につけ込まれることになる。また，相手が柔軟姿勢に転じたとしても，問題が生じる可能性がある。双方が柔軟な姿勢を採れば，速やかに合意に達するであろうが，その合意は賢明な合意ではないかもしれない。

それでは，どうすればよいのであろうか。ハーバード流交渉術の核心は，ハード型かソフト型かという二者択一を放棄することである。両者は，正反対であるようにみえるが，実のところ「立場駆引型」という点では変わりはない。大事なのは，交渉の方法を「立場駆引型」（positional bargaining）から「原則立脚型」（principled negotiation）へと転換することだというのである（フィッシャーほか 1998：１章。ただし，訳語を「立場駆け引き型」から「立場駆引型」へと変更）。

(2) 原則立脚型交渉　原則立脚型交渉では，第１に，人と問題を切り離すようにする。我々は，問題と格闘しているのに，交渉相手と格闘しやすい。しかし，交渉を成功させるためには，両者を切り離さなければならない。我々が格闘しているのは問題であり，交渉相手なのではない（フィッシャーほか 1998：２章）。例えば，脱原発を進める市民団体が政府や電力会社と交渉する際，彼らを非難するのではなく，一緒に原発をめぐる問題を解決していこうではないか，と呼びかけるスタンスを採ることが重要になるであろう。

原則立脚型交渉では，第２に，立場ではなく利害に焦点を当てるようにする。ある立場を主張する際，そこには，何らかの利害関心があるであろう。表面にある立場から根底にある利害へと目を移せば，道が開けるかもしれない（フィッシャーほか 1998：3章)。原発を再稼働させようとする場合，電力会社は，いかなる利害関心を抱いているのであろうか。電力会社の経営陣は，なにも原子力発電を信奉しているわけではなく，単に経営破綻を懸念しているだけなのかもしれない。いかなる利害（群）が原発再稼働という立場をもたらしているのか，相手に内在しつつ考えるのである。そうした利害を把握できれば，相手も乗りうる別の選択肢が浮上するかもしれない。長く原発問題に取り組んできた広瀬隆は，2012年夏に開催された「さようなら原発10万人集会」で，電力会社の利害に言及しつつ，次のように訴えかけている。

> 私はどうしたらいいのか考えました。そのひとつの解決法は，今日の錚々たる呼びかけ人の皆さんと，関西電力の経営者が同じテーブルについて取引をするということです。私たちが求める取引の条件はたったひとつ，原発をとめることだけです。向こう側が求めることはたったひとつ，経営破綻を避けたいということです。これは取引できるのです，お金の話なのですから。ずばり言えば電気料金の値上げです。皆さんはそれで怒るかもしれませんが，いまこのまま運転をしていけばどうなるか。私たちは賭けをしているときではないのです。……今日ここにこれだけの人が集まったということは，私たちが日本最大の経済勢力になったということです。私たちは彼らと条件闘争ができるはずなのです。(広瀬 2012：163-164)

第3に，複数の選択肢を用意するようにする。交渉のプロセスでは，政府や企業がある政策を示し，市民がそれに反対するという構図になりやすい。しかし，両者の利害を満たす第３の選択肢が存在するかもしれない（フィッシャーほか 1998：４章）。電力会社と市民団体は，原発再稼働に賛成か反対か，という二者択一で争っているかもしれない。しかし，なにも二者択一である必要はない。より古い原発を再稼働しない代わりに，より新しい原発を再稼働するという選択肢もあるだろう。また，すでにみたように，再稼働は認めないが値上げには応じる，という選択肢もあるだろう。あるいは「廃炉大学」という案もありうるかもしれない。九州の玄海町長を訪ねたジャーナリストの毛利甚八は，岸本町長に向かって次のような提案をしている。突拍子もない考えかもしれないが，少なくとも玄海町にとっては乗りえない話ではないかもしれない。

毛利「提案なんですが，一号機を使って廃炉大学を創ったらいいいんじゃないでしょうか？」
岸本「えっ？」
毛利「一号機を使って安全な廃炉技術を研究するんです。……世界中から若い人を集めて，安全な廃炉技術の研究をする。そして，そこで学んだ人たちが世界中の原子炉を廃炉にする仕事をする。そうすれば，廃炉がビジネスになるし，玄海町にはたくさんの若者が集まり，何年も暮らすことになります」
（中略）
毛利「……玄海町に使用済み核燃料がある事実は変わりありませんが，原子炉を安全に終息させる技術を蓄積する場所として玄海町のイメージをつくれば，負の遺産が前向きなものに変わると思います」
岸本「そうですね。それはぜひ，考えてみましょう（笑）」
（毛利 2013：55-56）

第４に，それでも折り合いがつかなければ，客観的基準ないし客観的手続に訴えかけるようにする。以上に述べた三つの原則を守ったとしても合意にいたるとは限らない。その際には，客観的基準や客観的手続に訴えかけることができる（フィッシャーほか 1998：５章）。例えば，原発の再稼働をめぐって対立している場合，電力の供給量と電力の需要量のデータを用い，本当に再稼働が必要かどうかを議論することができるであろう。また，値上げが必要であるかどうかをめぐって対立している場合には，電力会社のコスト計算が他の電力会社のそれと比べて妥当であるかどうかを熟議することができるであろう。それでも，交渉がまとまらない場合には，客観的手続に訴えかけることもできるかもしれない。例えば，利害関係者ではない第三者に判断を一任するという方法もありうるであろう。

こうしたハーバード流交渉術は，高い評価を得ている。その後，ハーバード流交渉術は感情（emotion）を積極的に活用する技術へと進化している（フィッシャー／シャピロ 2006を参照）。いずれにせよ，すでに対立の構図が成立し，それゆえ熟議では立ちいかなくなってしまっている場合には，ハーバード流交渉術は，合意を形成するのに効果的な技術になるであろう。

参考文献

秋山訓子 2011「市民が政治を開くとき――NPO 法改正の本質は何か」（上）『世界』第823号（2011年11月号），52-59頁，（下）『世界』第824号（2011年12月号），49-56頁。

明智カイト 2015『誰でもできるロビイング入門――社会を変える技術』光文社（光文社新書）。

今井一 2000『住民投票』岩波書店（岩波新書）。

ヴァン・レイブルック，ダーヴィッド 2019『選挙制を疑う』岡﨑晴輝／ディミトリ・ヴァンオーヴェルベーク訳，法政大学出版局。
篠藤明徳 2006『まちづくりと新しい市民参加――ドイツのプラーヌンクスツェレの手法』イマジン出版。
篠藤明徳ほか 2009『自治を拓く市民討議会――広がる参画・事例と方法』イマジン出版。
篠原一 2004『市民の政治学――討議デモクラシーとは何か』岩波書店（岩波新書）。
篠原一編 2012『討議デモクラシーの挑戦――ミニ・パブリックスが拓く新しい政治』岩波書店。
ハーバーマス，ユルゲン 1986『コミュニケイション的行為の理論』中，藤沢賢一郎ほか訳，未來社。
広瀬隆 2012「いまこそ電力会社と直接交渉を」，『世界』第834号（2012年9月号），163-164頁。
フィッシャー，ロジャーほか 1998『新版　ハーバード流交渉術』金山宣夫／浅井和子訳，TBSブリタニカ。
フィッシャー，ロジャー／シャピロ，ダニエル 2006『新ハーバード流交渉術――感情をポジティブに活用する』印南一路訳，講談社。
福嶋浩彦 2014『市民自治――みんなの意思で行政を動かし自らの手で地域をつくる』ディスカヴァー・トゥエンティワン（ディスカヴァー携書）。
三鷹青年会議所監修／みたかまちづくりディスカッション2006実行委員会編集 2006『みたかまちづくりディスカッション2006実施報告書――子どもの安全安心をテーマに』三鷹市市民協働センター。http://www.collabo-mitaka.jp/discussion/dis_2006.html
毛利甚八 2013『九州独立計画――玄海原発と九州のしあわせ』講談社。
湯浅誠 2012『ヒーローを待っていても世界は変わらない』朝日新聞出版。

学習課題

1．市民討議会推進ネットワークのウェブサイト（http://cdpn.jp/）を閲覧し，計画細胞会議（プラーヌンクスツェレ）の特徴と市民討議会の特徴を比較してみよう。
2．ハーバード流交渉術を身近な事例に適用してみよう。

15 責任を引き受ける

岡﨑　晴輝

《目標＆ポイント》 本章では，市民が社会の問題を解決しようとする際，責任を引き受ける思考法を採るべきであると論じたい。ポイントは，結果を出せなかった責任を対立する主体や無関心な主体のせいにするのではなく，自ら引き受けることである。また，結果を出せなかったとしても，ただ落胆するのではなく，なぜ失敗したのかを分析し，更なる問題解決に活かすことである。
《キーワード》 状況，決断，結果責任，失敗学

1．責任転嫁

社会の問題を解決しようとする際，複雑な状況や多様な主体が関わるため，結果を出すことは容易ではない。結果を出せなかった場合，我々は往々にして，その責任を対立する主体に負わせやすい。すなわち，「我々」は，社会の問題を解決するために尽力した。うまくいかなかったのは「彼ら」が反対したり関心を示さなかったりしたせいである，と。こうした態度は，政治的に成熟した思考法といえるのだろうか。むしろ，責任を「彼ら」に押しつける未熟な思考法なのではないのだろうか。近年，市民活動家のあいだからも，結果を出せなかった責任を「彼ら」に押しつける思考法を反省する声があがっている。湯浅誠によれば，

> 「こっち側」と「あっち側」という彼我の隔絶の意識が強すぎると，調整当事者としての結果責任の自覚が希薄化していく。自分は正しかったし，ぶれなかった。言うべきことも言った。十分な結果が伴わ

なかったのは，政治家が，官僚が，マスコミが悪いからだ。自分に責任はなく，責任は相手にある……。（湯浅 2012：45）

市民団体がこうした責任転嫁に陥りやすいのは，決して理由のないことではない。明治以来の〈国家統治〉体制の下では，権限は政府，特に国に集中しており，市民は政治の世界の部外者にとどまっていた。そこでは，〈市民の論理〉を〈政治の世界〉に持ち込もうとすることはあっても〈政治の論理〉を〈市民の世界〉に持ち込もうとすることは少なかった。こうした歴史的経緯を考えると，市民が政治的に成熟した思考法を身につけてこなかったことも，あるいはやむをえなかったのかもしれない。

しかし，いつまでもそうした段階に留まるべきではない。社会の問題を一つひとつ解決していきたいのであれば，責任転嫁というクセを自覚し，克服していかなければならないであろう。責任を押しつけない思考法，逆に言えば**責任を引き受ける**思考法を身につけていかなければならないであろう。こうした政治的に成熟した思考法を身につけるために，〈政治の論理〉を，もう少し掘り下げて考えていくことにしたい。

2. 政治の論理

(1) 状　況　社会の問題を解決するのは容易ではない。問題解決の成否は，問題を取り巻く状況（situation）に左右されざるをえないからである。たしかに，状況の影響ということは，なにも社会の問題に限られない。例えば，我々の身体にも当てはまるであろう。福沢諭吉は『文明論之概略』（1875年）において，「なおかの胃弱家が滋養物を喰（くら）い，これを消化すること能わずしてかえって病を増すが如し」（福沢 1995：22）

と記している。滋養物に効き目があるかどうかは，その人の胃腸が強いか否かにかかっているというわけである。

同じように，市民が社会の問題を解決しようとする際，ある政策が効果的であるか否かは，その問題を取り巻く様々な状況に大きく依存している。状況に適合した政策を採用すれば，問題を解決できるであろうが，そうでなければ，問題を解決することはできないであろう。例えば，東日本大震災後，物資支援のシステムを構築した西條剛央は『人を助けるすんごい仕組み』（2012年）において，次のような失敗例を紹介している。

> そして現地の「状況」を踏まえなければ，プロジェクトは有効なものになりえない。／たとえば，某大企業は2011年４月時点で「新たな支援システムを構築しました！」と声高に宣言したが，それは結局何の役にも立たなかった。なぜならiPhoneにソフトをダウンロードする必要があったのだが，被災者の中でそういうことをする人はほとんどいなかったからである。（西條　2012：201-202）

しかも，状況は一定不変ではなく，日々刻々と変化している。それゆえ，ある政策が効果を発揮しやすいタイミングと，そうではないタイミングが存在することになる。再び身体の比喩を用いれば，時間治療が解明したように，ある薬の効果は，その薬をどの時刻に服用するかにかかっていることが少なくない。例えば，気管支喘息は夜間に症状が悪化しやすい。そこで，気管支拡張薬の血中濃度がその時間帯に最高になるよう，夕方に気管支拡張薬を服用すれば，より効果を発揮するであろう（大戸／吉山監修　2007：68）。

市民が社会の問題を解決する場合にも，ある政策を「服用」するのに適切なタイミングというものがある。「機が熟していない」場合にも，逆に「時すでに遅し」の場合にも，問題を解決することはできない。問題解決者は，問題解決の好機を逃さないことが肝心である。再び西條剛央の事例を紹介したい。

> 逆に，南三陸町など被災地では，9月には急激に気温が下がるため，早くから暖房器具の支援要請はあったのだが，「冬物家電プロジェクト」のキャンペーンを11月までやらなかったのは，東京など支援者が多い地域が「寒くなかったから」である。むしろ9月でも暑いくらいだったので，これではとても冬物家電に関心を持ってもらえなかった（関心を引き出す契機がなかった）。／そのため，ここでキャンペーンを展開してもプロジェクトに価値は見出してもらえないと判断して，9月にはアイロンのキャンペーンを行い，1500家庭に届けた。（西條 2012：210）

(2) 主　体　こうした状況という要因に加えて，他の主体が問題解決の妨げになるかもしれない。前章でみたように，国や自治体がそうした対立する主体になることも少なくない。国や自治体が反対したり，反対しないまでも重い腰を上げなかったりしたせいで，問題を解決できないかもしれない。三度，西條が直面した事例を紹介したい。

> たとえば，某町に「ふんばろう」の仕組みを，各避難所に伝えてもらえないかと相談したことがあるのだが，行政の壁の前に，一向に進まなかったことがある。／このケースにおいても，この支援の仕組みを避難所に周知すること自体は簡単にできるはずだ。しかし，行政が自ら紹介するという形になると，問題が起きたときには知りませんとい

うわけにはいかなくなる。つまり，「責任」が生じる。／前例があれば，何か問題が起きても，「前例に従ったまでです」と前例のせいにできるが，前例がない場合は新たな仕組みを導入した当人が責任を負うことになる。それを回避するために前例がないから，と言って拒否することになる。（西條 2012：84）

こうした行政職員の態度は，決して褒められたものではないだろう。しかし，それを非難したところで何も始まらない。重要なのは，そうした行政職員の習性を所与としつつ，それにもかかわらず結果を出そうとすることであろう。端的に言えば，問題を解決するために，行政職員に責任転嫁という逃げ道を用意することも必要なのかもしれない。例えば，阪神・淡路大震災を経験するとともに，東日本大震災ではボランティア山形副代表理事としてボランティア活動に当たった丸山弘志は，次のような経験を披露している。

神戸の時もそうだったのですが，結局，行政とボランティアの役割分担と言いますか，住み分けと言いますか。神戸の時によく行政の方々と我々の間で言っていたのは，「判断が難しいことや，後で責任を問われそうな時は，全部我々ボランティアがやったと言うことにしてください」ということなのですね。それで上手く行けば，良い訳じゃないですか。上手く行かなかったら，ボランティアのせいにしてもらえれば，職員の方々へ責任から逃げる道を作ってあげられる。（ボランティア山形ほか 2012：71-72）

(3) 決　断　このように，市民自治の実践では，結果を出しにくくする状況的要因と主体的要因が作用している。しかも，我々の認識や判断の能力には限界がある。それゆえ市民団体は，不完全な認識・判断を所与としつつ，決定し行動せざるをえない。その結果，いくら合理的な「決定」(decision) を志向したとしても，その決定は非合理的な「決断」(Entscheidung) という色彩を帯びざるをえない。そうした不完全性こそが〈政治〉の宿命であり，それを引き受けることが〈政治〉の倫理である。丸山眞男は「現代における態度決定」(1960年) において，「行動者は常に非良心的である」というゲーテの言葉を引用しつつ，次のように述べている。

> 物事を認識するというのは無限の過程であります。……しかしながら他方決断をするということは，この無限の認識過程をある時点において文字通り断ち切ることであります。断ち切ることによってのみ決断が，したがって行動というものが生まれるわけであります。……つまりここには永久に矛盾あるいは背反があります。認識というものはできるだけ多面的でなければならないが，決断はいわばそれを一面的に切りとることです。……泥棒にも三分の理といいますが，認識の次元で一方に三分の理を認めながら，決断としてはやはり他方の側に与(くみ)せざるをえない。それでなければ決断はでてこないわけです。(丸山 1964：451-452；丸山 2014：403-404。促音は小書きに変更)

3. 責任とは何か

(1) 結果責任　このように，市民が社会の問題を解決しようとする際，問題解決を困難にする状況的要因や主体的要因を所与としつつ，それにもかかわらず結果を出すために決断を下す，という思考法が求められている。

ここで，結果責任という思考法をイメージ的に考えてみたい。自然との関係では，自然に責任を押しつけることはできないし，押しつけようとはしないであろう。A地点からB地点にボートで行こうとする場合，当然，川の流れを考慮に入れるであろう。川の流れを考慮に入れずにB地点にたどりつけなかった場合，その責任は川にではなくボートの漕ぎ手にあると考えるであろう（**図15-1**）。ところが，政治の世界では，対立する主体や無関心な主体が存在するため，どうしても「彼ら」に責任を押しつけやすい。この思考法は，しかし，政治的には未熟であると考えるべきである。

ただし，次の二つの留保を付すことが必要になるだろう。第1に，状況的要因や主体的要因を考慮に入れて，目標を設定し直す柔軟性をもつことである。すでに述べたように，問題を取り巻く状況は日々刻々と変化している。また，「我々」の主張だけが正しい場合は例外的である。ほとんどの場合，「我々」の主張も「彼ら」の主張も，多かれ少なかれ正しい。それゆえ，当初の目標を設定し直すことは，避けられないどころか，むしろ積極的に求められている。ボートの比喩に戻れば，目指すべき地点をB地点からB′地点へと変更するのである（**図15-2**）。

第2の留保は，過大な責任を負うべきではない，というものである。これに関して，やや回り道になるが，天皇と共産党の戦争責任を論じた丸山眞男の有名な小論「戦争責任論の盲点」(1956年）を採りあげることにしたい。そこにおいて丸山は，「転向」することなく戦争に反対しつづけた共産党指導者の「道徳的責任」ではなく，共産党の前衛政党としての責任，前衛政党の指導者としての「政治的責任」を問題にした。そして，共産党には「日本政治の指導権をファシズムに明け渡し」，「侵略戦争の防止に失敗し」，「有効な反ファシズムおよび反帝闘争を組織しなかった」ことについて政治的責任があるのではないか，と大胆な問題

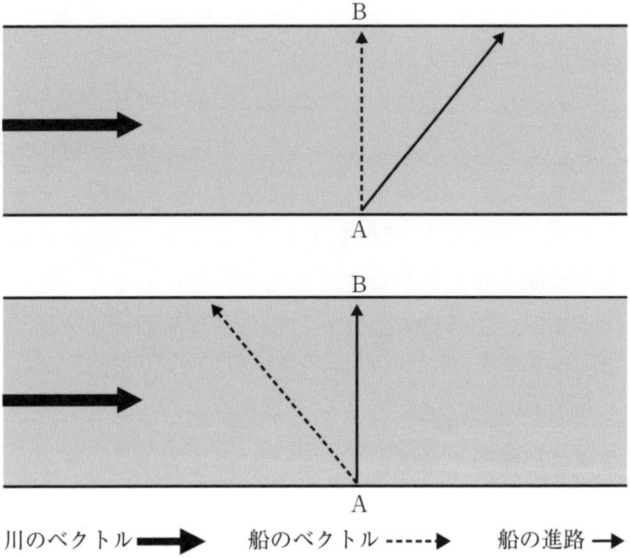

図15-1　結果責任のイメージ図（1）

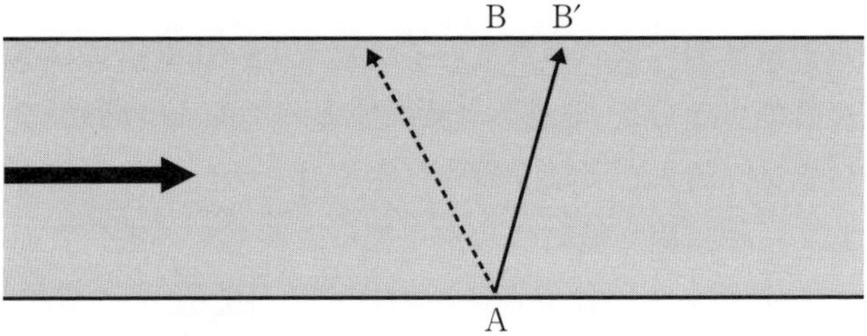

図15-2　結果責任のイメージ図（2）

提起をしたのである。丸山によれば，

つまり当面の問いは，共産党はそもそもファシズムとの戦いに勝ったのか負けたのかということなのだ。政治的責任は峻厳な結果責任であり，しかもファシズムと帝国主義に関して共産党の立場は一般の大衆とちがって単なる被害者でもなければ況や傍観者でもなく，まさに最も能動的な政治的敵手である。この闘いに敗れたことと日本の戦争突入とはまさか無関係ではあるまい。（丸山 2010：271）

この問題提起は，真理の一面を衝いている半面，次のような疑問を引き起こすに違いない。たしかに，共産党指導者の道徳的責任ではなく政治的責任を問題にすべきであるかもしれない。しかし，いくら共産党が尽力したとしても，ファシズムや侵略戦争を防ぐことはできなかったかもしれない。もしそうであるとすれば，共産党の戦争責任を問うことは，共産党に過大な責任を負わせることになるのではないか，と（ただし，丸山が「当面の問い」と限定を付けている点には留意する必要があるだろう）。

ここで，結果責任に伴う重大な問題，過大責任という問題が浮上することになる。再びボートの比喩に戻れば，大雨の後，川が増水している場面を想像してほしい。この場合，いくら川の流れを考慮に入れたとしても，ボートでは対岸のB′地点にはたどりつけないかもしれない。そうした場合には，結果を出せなかったことの責任を問われるべきではない。むしろ，結果を急ぐあまり，漕ぎだし流されてしまったとすれば，そのことの責任が問われるべきであろう。ここでは，然るべきタイミングが訪れるまで，A地点に踏みとどまることが責任ある思考法であるというべきであろう（**図15-3**）。

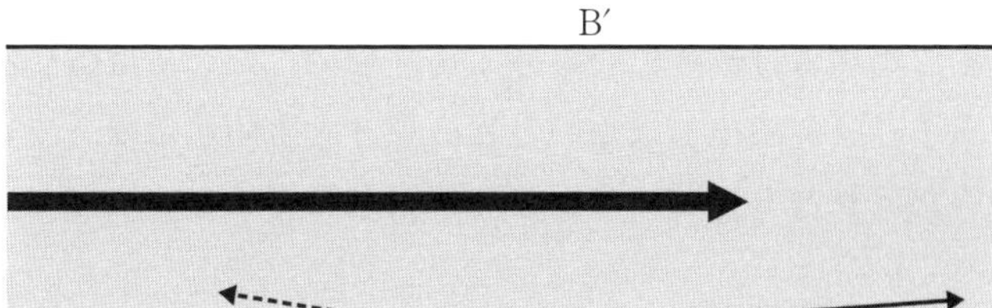

図15-3　過大責任のイメージ図

(2) 失敗を活かす　このように，政治的に成熟した市民自治のためには，目標を設定し直す柔軟性をもつこと，そして過大な責任を負わないことを条件としつつ，結果に対する責任を引き受けるという思考法が欠かせない。問題を解決できなかった責任を「彼ら」に押しつけるのではなく，「我々」が引き受けるのである。

しかし，結果を出せなかったとしても，自責の念に駆られる必要はない。第１に，市民自治の実践では，不完全な情報をもとに判断・行動せざるをえない以上，失敗は避けられない。否，このことは，何も市民自治の実践に限られない。一流打者であっても，一流投手と対決する場合には10割ヒッターというわけにはいかない。７割が凡打に終わったとしても，自責の念に駆られる必要などない。

第２に，いかなる失敗も全面的失敗ではないであろう。丸山眞男が論じているように，市民がある「悪法」に反対したにもかかわらず，その「悪法」が国会を通過してしまった場合，市民の反対運動が強ければ強いほど，政府はその運用に慎重にならざるをえないであろう。丸山によれば，

> 悪法が通った，盛んに反対したけれども結局通っちゃった，通っちゃったら終りであるという考え方。これは終りじゃないんです。通ったらその悪法が少しでも悪く適用されないように，なお努力をする，終局的には撤廃されるように努力するということです。……ある法が望ましくないという場合に，その反対する力が強ければ強いほど，その法が成立する過程において抵抗が強ければ強いほど，できた法の運用をする当局者は慎重にならざるをえない。たとえば破防法というものはあまりいい法律ではないと私は思う。破防法はワーワー反対してさわいだけれども現実にはあまり適用されていないではないかとい

いますが，あれだけ反対があったからうっかり適用できないんです。
（丸山 2010：388；丸山 2014：391）

そうであるとすれば，畑村洋太郎の失敗学が主張するように，失敗を活かしていくことが重要になるであろう。畑村によれば，我々は往々にして，失敗をネガティブに捉え，できることなら隠したい，忘れたいと思いやすい。しかし，そうしていたのでは，失敗を繰り返すだけである。むしろ，失敗をポジティブに捉えることが，失敗の繰り返しを避けるばかりか，成功をもたらす道だというのである（畑村 2005；畑村 2007を参照)。

ここで，失敗学をNPOに適用しようとした先駆的事例を紹介したい。2003年，トコボンプロジェクトがNPOの失敗事例を集めようとして，次のような募集を行った。

……NPOの中で「過去の失敗」について語ることは，一種タブーでした。話しているうちに暗くなるため，「失敗については語るまい」「成功事例を集めよう！」と，ひたすらサクセス・ストーリーを追い求めてきました。……失敗は，NPOが将来に向けてステップ・アップするための財産です。ステップ・アップ・スリップなんてことにならないように，NPOならではの失敗事例を集め，評価をするために，「NPO失敗大賞」を設けました。／失敗を公にすることは，結構しんどい作業です。しかし，進んで失敗談を語る人は魅力的です。それは，その人が自分の失敗を冷静に見つめ，客観視し，失敗を楽しむゆとりがあるからだと思います。／見事な失敗，楽しい失敗等の応募をお待ちしております。(http://www.eic.or.jp/event/?act=view&serial=3212。最終閲覧日：2014年2月21日)

主催者の1人である川村研治は「失敗事例はNPOの宝——NPO失敗大賞をふりかえる」において，公開審査会は盛りあがったとしつつも，最大の反省点として，応募件数が9件しかなかったことを挙げている。また，公開審査会の時間が限られていたため失敗の分析が深まらなかったこと，事業上の失敗と運営上の失敗を区別しなかったため議論が難しくなったことも，反省点として挙げている。そして「この事業の意義をどうやって伝え，広めていくかが最大の課題であろう」と結んでいる（川村 2004：13）。

この失敗大賞は，しかし，その年限りで終わってしまった。プロジェクトの事務局を担当した土屋真美子と前田朋英は「一番大きな理由は，応募数が少なかったことである」とし，「この企画は少し，早すぎたのではないか？」と振り返っている。その一方で，今なら失敗大賞は成功するかもしれない，との見通しを示している。

> たしかに，自分の失敗を公にするという勇気のある団体は当時少なかった。しかし，申請してくれた団体は，その後継続し，活動成果をあげている。自分の失敗を笑って語れることが，ある意味客観的に事業を振り返り，自信につながったのではないか。ある程度，自分を客観的に分析するには自信が必要で，今は自信をつけたNPOも増えてきた。また，「失敗」に対する考え方も，変わってきた。だから，今だったら〈失敗大賞，成功〉と言えるほど，応募があるかもしれない。
> （2014年5月20日付電子メール）

たしかに，成功例を市民の共有財産にするために公開するのは難しくはない。しかし，自らの失敗例を公開するのは容易なことではない。それにもかかわらず，否，それゆえに，自らの失敗を冷静に分析し，さらなる問題解決に活かしていくことが必要であろう。そして，そうした貴重な失敗経験を市民の共有財産として公開することが，今後の市民自治の発展のために求められているといえるであろう。

参考文献

大戸茂弘／吉山友二監修 2007『時間治療の基礎と実践』丸善。

川村研治 2004「失敗事例はNPOの宝――NPO失敗大賞をふりかえる」，『ウォロ（Volo）』第39巻第1号（通巻392号），12-13頁。

西條剛央 2012『人を助けるすんごい仕組み――ボランティア経験のない僕が，日本最大級の支援組織をどうつくったのか』ダイヤモンド社。

畑村洋太郎 2005『失敗学のすすめ』講談社（講談社文庫）。

畑村洋太郎 2007『だから失敗は起こる』NHK出版。

福沢諭吉 1995『文明論之概略』松沢弘陽校注，岩波書店（岩波文庫）。

ボランティア山形ほか 2012『市民の力で東北復興』ほんの木。

丸山眞男 1964『増補版　現代政治の思想と行動』未来社。

丸山眞男 2010『丸山眞男セレクション』杉田敦編，平凡社（平凡社ライブラリー）。

丸山眞男 2014『政治の世界　他十篇』松本礼二編注，岩波書店（岩波文庫）。

湯浅誠 2012「社会運動の立ち位置――議会制民主主義の危機において」，『世界』第828号（2012年3月号），41-51頁。

学習課題

1. 状況を考慮せずに失敗した体験を振り返ってみよう。
2. 丸山眞男「政治的判断」（丸山 2010 所収；丸山 2014 所収）を読み，政治的思考法のポイントを整理してみよう。

索引

●配列は五十音順，＊は人名を示す。

●た　行

●な 行

●は 行

●ま 行

●や　行

●ら　行

分担執筆者紹介

田中　孝男（たなか・たかお）

・執筆章→７・８・９

1963年　北海道に生まれる
1986年　北海道大学法学部卒業
1986年　札幌市役所採用
2005年　札幌市役所退職・九州大学採用
2016年　九州大学博士（法学）
現在　九州大学大学院法学研究院教授
専攻　行政法学，自治体法務論
主な著作　『条例づくりへの挑戦』（単著　信山社，2002年）
『条例づくりのための政策法務』（単著　第一法規，2010年）
『自治体職員研修の法構造』（単著　公人の友社，2012年）
『自治体法務の多元的統制』（単著　第一法規，2015年）
『新訂　自治体法務入門』（共編　公人の友社，2016年）
『自治制度の抜本的改革』（共編　法律文化社，2017年）
『〈平成29年改正〉住民監査請求制度がよくわかる本』（単著　公人の友社，2017年）
『政策法務の理論と課題別実践－鈴木庸夫先生古稀記念』（共編　第一法規，2017年）
『ケースで学ぶ立法事実』（単著　第一法規，2018年）

編著者紹介

山岡　龍一（やまおか・りゅういち）

・執筆章→1・2・3・4

1963年　東京都に生まれる
1988年　国際基督教大学教養学部卒業
1997年　ロンドン大学（LSE）Ph.D. 取得
現在　放送大学教授
専攻　政治思想史，政治理論
主な著作　『西洋政治理論の伝統』（放送大学教育振興会，2009年）
『西洋政治思想史―視座と論点―』（共著　岩波書店，2012年）
『政治学へのいざない』（共著　放送大学教育振興会，2016年）
『改訂版　公共哲学』（共著　放送大学教育振興会，2017年）
デイヴィッド・ミラー著『はじめての政治哲学』（共訳　岩波現代文庫，2019年）

岡﨑　晴輝（おかざき・せいき）

・執筆章→5・6・10〜15

1968年　茨城県に生まれる
1991年　法政大学第一法学部政治学科卒業
1999年　国際基督教大学大学院行政学研究科博士後期課程修了　博士（学術）
現在　九州大学大学院法学研究院教授，放送大学客員教授
専攻　政治理論，比較政治学
主な著作　『与えあいのデモクラシー』（単著　勁草書房，2004年）
『新版　現代政治理論』（共訳　日本経済評論社，2005年）
『はじめて学ぶ政治学』（共編　ミネルヴァ書房，2008年）
『政治における「型」の研究』（共著　風行社，2009年）
『シティズンシップ教育論』（共訳　法政大学出版局，2011年）
『アクセス デモクラシー論』（共著　日本経済評論社，2012年）
『土着語の政治』（共訳　法政大学出版局，2012年）
『政治概念の歴史的展開』第6巻（共著　晃洋書房，2013年）
『政治理論とは何か』（共著　風行社，2014年）
『選挙制を疑う』（共訳　法政大学出版局，2019年）
ウェブサイト　http://aktiv.sakura.ne.jp/

放送大学教材　1140086-1-2111（ラジオ）

改訂版　市民自治の知識と実践

発　行　　2021年３月20日　第１刷
編著者　　山岡龍一・岡﨑晴輝
発行所　　一般財団法人　放送大学教育振興会
〒105-0001　東京都港区虎ノ門1-14-1　郵政福祉琴平ビル
電話　03（3502）2750

市販用は放送大学教材と同じ内容です。定価はカバーに表示してあります。
落丁本・乱丁本はお取り替えいたします。

Printed in Japan　ISBN978-4-595-32274-7　C1336